A ORAÇÃO DE SÃO FRANCISCO

Dados Internacionais de Catalogação na Publicação (CIP)
(Câmara Brasileira do Livro, SP, Brasil)

Boff, Leonardo

A oração de São Francisco : uma mensagem de paz para o mundo atual / Leonardo Boff. 2. ed. – Petrópolis, RJ : Vozes, 2012.

Bibliografia.

ISBN 978-85-326-3845-8

1. Espiritualidade 2. Francisco, de Assis, Santo, 1182-1226. Orações I. Título.

09-02345 CDD-2422

Índices para catálogo sistemático:

1. Mensagens de esperança : Oração : Cristianismo 242.2
2. Oração de São Francisco : Cristianismo 242.2

LEONARDO BOFF

A ORAÇÃO DE SÃO FRANCISCO

UMA MENSAGEM DE PAZ PARA O MUNDO ATUAL

Nobilis
VOZES

Caixa Postal 92.144 – Itaipava
25750-970 Petrópolis – RJ
www.leonardoboff.com

Direitos de publicação em língua portuguesa:
2009, Editora Vozes Ltda.
Rua Frei Luís, 100
25689-900 Petrópolis, RJ
Internet: http://www.vozes.com.br
Brasil

Assessoria Jurídica e Agenciamento Literário:
Cristiano Monteiro de Miranda
(21) 9385-5335
cristianomiranda@leonardoboff.com

Projeto gráfico: AG.SR Desenv. Gráfico
Capa: Adriana Miranda

Este livro foi inicialmente publicado pela Editora Sextante em 1999.

Editado conforme o novo acordo ortográfico.

ISBN 978-85-326-3845-8

Este livro foi composto e impresso pela Editora Vozes Ltda.

À alma Província Franciscana da Imaculada Conceição do Sul do Brasil que me iniciou no sonho terno e fraterno de Clara e de Francisco de Assis

Oração da Paz de

São Francisco de Assis

Senhor,

Fazei-me um instrumento de vossa paz.

Onde houver ódio, que eu leve o amor;

Onde houver ofensa, que eu leve o perdão;

Onde houver discórdia, que eu leve a união;

Onde houver dúvida, que eu leve a fé;

Onde houver erro, que eu leve a verdade;

Onde houver desespero, que eu leve a esperança;

Onde houver tristeza, que eu leve a alegria;

Onde houver trevas, que eu leve a luz.

Ó Mestre,

Fazei que eu procure mais consolar, que ser consolado;

Compreender, que ser compreendido;

Amar, que ser amado,

Pois é dando que se recebe,

É perdoando que se é perdoado,

E é morrendo que se vive para a vida eterna.

SUMÁRIO

Introdução

São Francisco vive ainda entre nós

São Francisco de Assis (1181-1226) é venerado em todo o mundo como uma das figuras das quais mais nos orgulhamos. Na sua biografia se tornaram visíveis e possíveis sonhos carregados ao longo de toda a vida e acalentados no fundo de nosso coração: uma relação amorosa e terna com Deus, Pai e Mãe de infinita bondade, um amor simples a todas as coisas, vivenciadas como irmãos e irmãs; uma discreta reconciliação entre os impulsos do coração e as exigências do pensamento; uma calorosa recepção dos distantes e distintos, feitos próximos, e dos próximos feitos irmãos; uma aceitação jovial daquilo que não podemos mudar; uma inocente liberdade em face das ordens e regras estabelecidas; uma alegre acolhida da morte como amiga da vida.

São Francisco inundou a esfera humana de espírito de benquerença, fraternura e paz, que continuou a ressoar com o passar dos tempos até nossos dias. Em sua homenagem igrejas, cidades, escolas, rios, instituições e pessoas carregam o nome de São Francisco ou simplesmente Francisco.

Mais ainda: há comportamentos, símbolos, ideias e sonhos que reportam naturalmente a São Francisco como se ele próprio fosse seu autor. E isso não sem razão, porque ele continua a viver como arquétipo nas mentes e nos corações das pessoas e de muitos movimentos culturais, na não-violência, na fraternidade universal, na jovialidade, no amor aos animais e na ecologia, expressões importantes da busca espiritual da cultura de nossa época.

Existe uma espiritualidade franciscana difusa no espírito de nosso tempo, nascida da experiência de Francisco, de Clara e de seus primeiros companheiros. Trata-se do caminho da simplicidade, da descoberta de Deus na natureza, do amor singelo a todas as criaturas, da confiança quase infantil na bondade das pessoas e na imperturbável alegria, mesmo em face dos dramas mais pungentes da vida humana.

A Oração pela Paz também chamada de Oração de São Francisco constitui uma das cristalizações desta espiritualidade difusa. Ela não provém diretamente da pena do Francisco histórico, mas da espiritualidade do São Francisco da fé. Ele é seu pai espiritual e por isso seu autor no sentido mais profundo e abrangente desta palavra. Sem ele, com certeza, essa Oração pela Paz jamais teria sido formulada nem divulgada e muito menos teria se imposto como uma das orações mais ecumênicas hoje existentes. Ela é rezada por fiéis de todos os credos e por professantes de todos os caminhos espirituais.

Ela tem o condão de unir a todos num mesmo espírito de paz e de amor. Por um momento faz sentir que todos somos de fato irmãos e irmãs na grande família humana e cósmica e também filhos e filhas da família divina.

Vamos aprofundar o teor desta Oração pela Paz para revelar sua riqueza insuspeitada e para despertar o Francisco e a Clara que dormem dentro de cada um de nós.

I
Como surgiu a Oração de São Francisco

Não raro, as grandes coisas têm origem humilde. O Amazonas, o maior rio da Terra em volume de água, nasce de uma insignificante fonte entre duas montanhas de mais de cinco mil metros de altura ao sul de Cuzco, no Peru. O São Francisco, o rio da unidade nacional, se origina de uma pequeníssima fonte no alto da Serra da Canastra em Minas Gerais. Lentamente as águas vão se somando a outras águas até formarem rios caudalosos que deságuam no vasto mar.

Algo semelhante ocorreu com a Oração pela Paz. Nasceu anônima, na periferia, sem que ninguém lhe desse importância especial. Aos poucos, seu conteúdo belo e inspirador foi acalorando corações e acendendo mentes. Como um raio de luz que segue seu curso pelos espaços sem fim, a Oração pela Paz foi se difundindo até ganhar o mundo inteiro.

Nela tudo é verdadeiro e convincente. É tão simples que pode ser compreendida por todos. É recitada por crianças budistas no Japão, por monges taoístas no Tibete, por muçulmanos no Cairo, por babalorixás em Angola, por papas cristãos em Roma, pelos fiéis das comunidades de base na América Latina e até por operários em manifestações e greves. Todos sentem que esta oração traduz, de forma extremamente inspirada, desejos ancestrais da humanidade. Ela vem ao encontro de demandas por paz e tolerância, imprescindíveis para a perigosa travessia que fazemos atualmente do local ao global, do nacional ao planetário, das muitas sociedades a uma única sociedade mundial.

Quando aparecem orações com tal nível de inspiração e de universalidade, é sinal de que têm como autor o próprio Espírito Santo. Ele costuma atuar de forma anônima na suavidade dos corações abertos ao divino. Assim deve ter atuado no autor desconhecido que, cheio de ardor espiritual, deu forma à oração posteriormente atribuída a São Francisco de Assis.

A Oração pela Paz apareceu pela primeira vez em 1913 numa pequena revista local da Normandia, na França. Vinha sem referência de autor, transcrita de uma outra revista tão insignificante, que nem deixou sinal na história, pois não foi encontrada em nenhum arquivo da França.

Da periferia para o centro

A Oração de São Francisco se universalizou a partir de sua publicação no *Osservatore Romano*, órgão oficioso do Vaticano, no dia 20 de janeiro de 1916. No dia 28 de janeiro do mesmo ano foi publicada no conhecido diário católico francês *La Croix*. Era o tempo da Primeira Guerra Mundial (1914-1918) e por todas as partes faziam-se orações pela paz.

Como a Oração pela Paz ou a Oração de São Francisco chegou ao Vaticano para daí começar sua difusão pelo mundo?

Por toda a cristandade, nas dioceses e paróquias, faziam-se fervorosas orações pelo fim da guerra que devastava e envergonhava a Europa, berço da assim chamada civilização ocidental e cristã. O fundador do semanário católico *Souvenir Normand*, Marquês de la Rochetulon, enviara ao Papa Bento XV várias orações pela paz. Não se sabe se eram de sua autoria ou se as recolhera entre as que circulavam no meio do povo.

É sabido que essas orações chegaram ao Papa porque existe o bilhete do importante Cardeal Gasparri agradecendo ao Marquês de la Rochetulon em nome de Bento

XV. Aí se faz interessante revelação: todas as orações, inclusive essa de São Francisco, eram dirigidas ao Sagrado Coração de Jesus, devoção introduzida em toda a Igreja no final do século XIX.

Com essa devoção ao Sagrado Coração de Jesus se pretendia resgatar uma dimensão esquecida no cristianismo tradicional: a riqueza da santa humanidade de Jesus, de seu amor incondicional, de sua misericórdia, de seu enternecimento para com todos, especialmente para com os pobres e os pecadores, as crianças e as mulheres.

Essa devoção fez com que, em quase todas as igrejas católicas do mundo inteiro, mesmo nas mais antigas, góticas, coloniais e barrocas, se tenha introduzido uma estátua do Sagrado Coração de Jesus com o coração sangrando à mostra.

Essa piedade favorecia um espírito humanitário de paz e de reconciliação, urgente naquela conjuntura de guerra mundial. Nesse contexto a Oração pela Paz foi publicada pelo *Osservatore Romano*. A partir daí ganhou as mentes e os corações de milhões de pessoas no mundo inteiro, transformada, ecumenicamente, numa oração de união entre as religiões que rezam pela paz, paz mundial, paz social, paz ecológica e paz pessoal.

Nela tudo é simples e verdadeiro, tudo vem do coração e vai ao coração. Todos e todas podem dizer, sem constrangimento confessional, Amém e Assim seja.

De Oração pela Paz à Oração de São Francisco

Por que essa Oração pela Paz passou a ser chamada de "Oração de São Francisco"?

Por uma simples casualidade histórica que, no entanto, encerra um significado revelador. Pois há entre as características do Coração de Jesus e as características de São Francisco uma conaturalidade surpreendente. Não sem razão São Francisco é chamado de "o Primeiro depois do Único" ou o *Alter Christus*, o outro Cristo.

Pouco tempo depois da publicação da Oração pela Paz em Roma, um franciscano, Visitador da Ordem Terceira Secular de Reims, na França, mandou imprimir um cartão tendo de um lado a figura de São Francisco com a regra da Ordem Terceira Secular na mão e do outro a Oração pela Paz, com a indicação da fonte: *Souvenir Normand*. No final uma pequena frase dizia: "essa oração resume os ideais franciscanos e, ao mesmo tempo, representa uma resposta às urgências de nosso tempo". Essa pequena frase se tornou o elo revelador. Permitiu que a oração deixasse de ser apenas Oração pela Paz para ser também conhecida como "Oração de São Francisco" ou a Oração da Paz de São Francisco de Assis.

Assim, essa oração passou a ser, simultaneamente, um resumo da devoção ao Sagrado Coração de Jesus e da espiritualidade franciscana. Curiosamente a oração de consagração ao Sagrado Coração de Jesus publicada por Leão XIII em 1899 tem uma estrutura semelhante à atual Oração de São Francisco, especialmente as tríades: discórdia/união, erro/verdade, trevas/luz.

As demais contraposições ódio/amor, ofensa/perdão, dúvida/fé, desespero/esperança, tristeza/alegria estão ancoradas na pregação de Jesus e na sua prática libertadora. Sua presença e sua palavra transformam a realidade: onde há ódio surge o amor, onde há ofensa aparece o perdão, onde há dúvida irrompe a fé, onde há desespero nasce a esperança e onde há tristeza sorri a alegria.

A segunda parte – "fazei que eu procure mais consolar, que ser consolado; compreender, que ser compreendido; amar, que ser amado" – constitui uma característica fundamental do cristianismo, a completa abnegação de si mesmo e daquilo que nos é mais caro para poder radicalmente servir o outro.

A terceira e última parte – "pois é dando que se recebe; é perdoando que se é perdoado; e é morrendo que se vive para a vida eterna" – é igualmente fundada nos textos do Evangelho:

– dai e vos será dado (Lc 6,38)

– perdoai e sereis perdoados (Lc 6,37)

– quem procurar preservar a vida, há de perdê-la, e quem a perder, há de conservá-la (Lc 17,33)

– quem ama sua vida acabará perdendo-a; mas quem odiar sua vida neste mundo vai guardá-la para a vida eterna (Jo 12,25).

Conclusão: o grande parentesco entre a devoção ao Sagrado Coração de Jesus e a devoção a São Francisco de Assis permitiu que as características de uma fossem atribuídas ao outro. Isso nos faz lembrar a famosa frase do Pe. Antônio Vieira em seu sermão sobre as Chagas de São Francisco: "Vesti Cristo e tereis Francisco, desvesti Francisco e tereis Cristo."

Essa conaturalidade aparece, por exemplo, nos escritos de São Francisco chamados Admoestações, em especial na de número 27. Aí encontramos nítido o espírito da Oração pela Paz:

"Onde há amor e sabedoria não há medo nem ignorância.
Onde há paciência e humildade não há ira nem perturbação.
Onde há pobreza e alegria não há cobiça nem avareza.
Onde há paz e meditação não há desassossego nem dissipação.
Onde o temor de Deus guarda a casa, o inimigo não encontra portas.
Onde há misericórdia e discrição não há excesso nem dureza de coração."

Aparece também na oração de um dos discípulos mais místicos e profundos de São Francisco, o beato Egídio de Assis:

"Se amares, serás amado;
Se venerares, serás venerado;
Se servires, serás servido;
Se tratares bem os outros, serás também bem tratado.

Entretanto,
Bem-aventurado aquele que ama sem ser amado,

> Bem-aventurado aquele que venera sem ser venerado,
> Bem-aventurado aquele que serve sem ser servido,
> Bem-aventurado aquele que trata bem a todos sem ser bem tratado."

Eis espelhada aqui a força do amor incondicional. Ama por amar, pelo valor intrínseco do ato de amar, sem esperar qualquer retribuição. Esse é o amor que Deus tem para com seus filhos e filhas, mesmo ingratos e maus. Esse, o amor do Sagrado Coração de Jesus. Esse, o amor que incandesceu São Francisco. Esse, o amor que consome todos os místicos como São João da Cruz ou o sufi Rumi. Esse, o amor que salva eternamente qualquer pessoa, funda a paz, redime o mundo e constitui o sentido secreto do universo.

II
SENHOR, FAZEI-ME UM INSTRUMENTO DE VOSSA PAZ

Senhor!

A Oração de São Francisco começa com uma invocação, uma verdadeira súplica: Senhor!

Senhor é o título de respeito que damos às pessoas, especialmente às mais idosas ou àquelas revestidas de algum tipo de autoridade. Senhor é também o nome mais frequente na maioria das religiões para expressar a reverência à Fonte originária de todo o ser, Deus.

A Bíblia traduziu o nome hebraico de Deus, Javé, pelo nome grego *Kyrios*, que significa Senhor. E ocorre quase mil vezes nas Escrituras judaico-cristãs. Senhor foi um dos primeiros títulos dados a Jesus. Inicialmente para expressar o respeito do povo e de seus discípulos em razão de sua palavra, de seus milagres e de sua prática libertadora dos pobres e dos oprimidos. Mais tarde, após sua ressurreição, para enfatizar seu caráter divino de Filho de

Deus e de sua importância para entender o destino final do homem e do mundo.

Aplicado a Deus, Senhor quer dizer Criador do Céu e da Terra porque tirou todas as coisas do nada para serem expressões de sua superabundância de vida e de amor. Pelo fato de ser Criador, Deus sempre está presente em cada coisa, em sua raiz mais íntima. Se, por absurdo, suspendesse por um momento mínimo sua vontade criadora, todos os seres voltariam ao nada.

Senhor possui ainda uma conotação política. Os reis e os dominadores dos povos se fazem chamar de senhores, observa Jesus (Lc 22,25). Os imperadores romanos queriam ser chamados de "Senhor" para expressar sua pretensão divina.

Os primeiros cristãos reservavam o título de Senhor apenas para Jesus e para Deus. Negavam-no aos imperadores romanos e por isso eram perseguidos, levados aos tribunais, às arenas e ao martírio.

Hoje a situação não é muito diferente. Há poderosos da política e das finanças que se apresentam como os grandes senhores. Reúnem-se entre eles para decidir sobre o destino de milhões e milhões de pessoas. Exigem total submissão às suas estratégias políticas, econômicas e militares. Os opositores são marginalizados, excluídos e, se preciso, atacados militarmente.

Há uma luta entre os vários senhores no mundo para ver quem é mais senhor. Entretanto, as pessoas religiosas de todos os credos negam o título de "senhor" a esses pretensiosos títeres dos povos. Em nome do verdadeiro Senhor do Céu e da Terra, desmascaram-nos como falsos senhores, porque seu poder se constrói à custa do empobrecimento das grandes maiorias e da pilhagem sistemática dos recursos da Terra. Numa perspectiva global, são mais produtores de morte que de vida.

Ao pronunciarmos essa oração e dizermos "Senhor" queremos reconhecer Deus como o verdadeiro e único senhor da história e do destino humano. Pedimos que Ele se mostre como aquela Energia criadora que vivifica todas as nossas energias de resistência e de libertação. E que faça justiça aos pobres e restabeleça seu senhorio sobre a criação, entregue como herança comum a todos os humanos.

Hoje, por causa das ameaças que pesam sobre a Terra e sobre a humanidade e devido à falta de paz e amor em todos os recantos, não apenas pedimos, mas também suplicamos, gritando: Senhor, Senhor, atendei-nos!

Foi Jesus quem nos ensinou a sermos insistentes até à perturbação (Lc 11,5-8). Ele nos dará a sua paz construída pelo serviço e não pelo poder. O Jesus histórico aceitou o título de Mestre e Senhor (Jo 13,12), mas deu-lhe um conteúdo diferente. Ele se fez servo de todos ao entender sua existência como existência em prol dos outros (Lc 22,27). Lavou os pés dos discípulos e ordenou que fizessem o mesmo.

Os grandes mestres espirituais como Buda, Moisés, Cristo, Krishna e outros eram tidos como senhores pelos discípulos e pelas multidões. Entretanto, eles se consideravam simples servos de Deus e de toda a criatura humana. Essa atitude de serviço que rompe barreiras e que inclui a todos traz como efeito a paz, a paz verdadeira que todos ansiamos.

Ó Deus, sois o único Senhor de nossa vida, de nosso coração e de nosso destino. Libertai-nos dos falsos senhores que nos iludem com suas promessas, pois não trazem nem vida nem paz. Dai-nos força para resistir e para buscar a paz através da justiça e do serviço humilde a todos. Amém.

III
Senhor, fazei-me um instrumento de vossa paz

Por que a falta de paz?

Rezamos a Oração de São Francisco pela Paz porque precisamos de paz. Vivemos tempos conturbados, violentos e ameaçadores para o futuro da humanidade e de nossa casa comum, a Terra.

Jesus nos ensinou: "pedi e recebereis" (Mt 7,7). Pedimos com insistência. E queremos que nossa oração seja ouvida e seja eficaz. Que chances temos de alcançar a paz? Precisamos saber o que podemos esperar de nossas próprias forças e o que podemos e devemos confiar às energias de Deus. Deus e ser humano nunca atuam separados. Deus não tem outros braços senão os nossos. No entanto, convém distinguir, para em seguida unir, a paz humana da paz divina. A própria oração o sugere: "Senhor, fazei-me instrumento de *vossa* paz." Qual é a vossa paz e qual é a nossa paz? Qual é a paz de Deus? Qual é a paz humana? Paz verdadeira só se alcança se ambas se articularem e se espelharem, a paz divina e a paz humana. Caso contrário, nossa Oração pela Paz permanece mais palavra e canção que ação e irradiação.

Vamos analisar, para entender melhor, os mecanismos da violência e a lógica da paz. Meditando com atenção os versos da Oração de São Francisco constatamos nela a presença dos dramas e das esperanças humanas mais persistentes na história. Subjacente aos termos, se esconde algo fundamental que tem a ver com o universo, com a vida e com a história humana: sua complexidade, suas contradições, suas possibilidades.

Nós, seres humanos, nos sentimos a arena onde as contradições afloram de forma consciente e, muitas vezes, dramática. Quando o drama se torna quase insuportável, gritamos ao Pai do céu e rezamos à Mãe divina.

Assim como Jesus apresentou um resumo de sua mensagem em forma de oração – o Pai-nosso –, assim também a complexidade e dramaticidade do real vem melhor expressados por uma oração, a Oração de São Francisco ou a Oração pela Paz. Nela os abismos encontram os cumes das montanhas. E por cima de tudo, o arco-íris da Paz perpétua na comunhão cósmica.

O claro-escuro da realidade

Como as coisas se estruturam? Todas elas vêm perpassadas de claro-escuro, de organização e desorganização, de caos e de cosmo. Há amplo consenso na comunidade científica mundial de que nós todos nascemos há 15 bilhões de anos, de um imenso caos, de uma incomensurável explosão. Seu eco pode ser captado por aparelhos até os dias de hoje. Viemos também do cosmo, quer dizer, da ordem que foi se criando e continua se criando ao longo de todos os bilênios. Caos e cosmo são inseparáveis e se articulam mutuamente.

Em todas as direções para onde movemos o olhar, encontramos esse mesmo claro-escuro e essa mesma polarização: no universo, no mundo vegetal e no reino animal. Mas é especialmente no mundo humano que essa realidade complexa desdobra suas contradições e dá origem, por um lado, a homicidas, ecocidas e biocidas e, por outro, a anjos da guarda, profetas e santos.

Essa situação dilacerante possui um caráter estrutural: penetra na estrutura de todos os seres, de todas as iniciativas, de todas as instituições e no profundo do coração de cada pessoa. Não existe um oásis reconciliado ou um jardim recluso de pura unidade e unificação. Tudo vem quebrado. Importa sempre recomeçar e de novo recolher os cacos para tentar refazer o vaso precioso na busca incansável pelo uno, complexo, aberto, fecundo, relacional.

O desafio reside em fazer conviver caos e cosmo de forma criadora. Como acumular energias de ambos os polos a fim de que elas nos realizem, nos façam crescer e não nos prejudiquem nem nos destruam. A Oração pela Paz nos revela um polo, o do amor, do perdão, da união, da fé, da verdade, da esperança, da alegria e da luz. Se reforçarmos este polo, faremos economia do outro também presente e manteremos integrados o ódio, a ofensa, a discórdia, a dúvida, o erro, o desespero, a tristeza e as trevas. Assumir e reforçar o polo positivo não significa que tenhamos anulado o polo negativo. Mas podemos impor limites à sua ação deletéria, como nos ensinam os grandes mestres espirituais da humanidade. O próprio Jesus em seu evangelho nos recorda que joio e trigo sempre estão misturados e não há como separá-los definitivamente. Se tentássemos, correríamos o risco de arrancarmos o trigo junto com o joio. O que podemos é distingui-los e viver um projeto de vida que se orienta pelo trigo sem nunca perder de vista a presença ameaçadora do joio.

Há uma convicção dos mestres espirituais e dos sábios de todas as culturas segundo a qual a paz entre as pessoas e os povos passa pela alma e pelo coração. Se alguém – um povo, uma nação, uma pessoa, um movimento social – quiser estar bem com os outros, deve estar bem consigo mesmo. Deve pacificar sua alma, encontrar sua centralidade e reunificar as tendências dispersivas e destrutivas que conspiram contra a paz.

Podemos realizar essa tarefa sozinhos? Não! Os mesmos mestres testemunham que podemos fazer muito por nós mesmos e que somos responsáveis pelo que nos cabe. Mas ainda não é o suficiente. Por isso, devemos nos abrir à Fonte primordial da vida, de onde emana toda paz. Se não bebermos desta Fonte através da oração e da meditação, nossa paz poderá ser apenas uma trégua momentânea, mas jamais a paz almejada pelo nosso coração.

Santo Agostinho nos adverte continuamente: "Irrequieto estará meu coração enquanto não descansar em Ti, Senhor."

A função política da religião

Tal reflexão se aplica particularmente à política hoje mundialmente integrada. Ela se move dentro do velho lema: "se queres a paz, prepara a guerra". Vem dominada por um realismo interesseiro e reducionista, na medida em que se organiza ao redor dos interesses dos mais fortes, e não de todos os povos e de todos os seres humanos.

Há ainda um agravante: os líderes políticos, filhos do Estado moderno, eliminaram da análise da realidade a dimensão religiosa. Desqualificaram-na como resíduo do passado irracional da humanidade ou como um conglomerado desconexo de crenças, relatos e mitos que mais atrapalham do que ajudam na busca da paz. Não acreditam que a alma secreta de cada povo e de cada cultura, como tantos antropólogos antigos e contemporâneos atestam, reside na sua religião. É por ela e não por ideologias ou princípios éticos isolados que as grandes maiorias da humanidade se orientam, iluminam suas vidas e dão sentido ao seu sofrimento e à sua morte.

Descendo às raízes: qual é o cimento que confere consistência a uma sociedade? Não são as convicções profundas, as atitudes básicas e as tradições comumente partilhadas? E quem deveria ligar e *re-ligar* todos esses fatores fazendo com que houvesse sociabilidade, relativa harmonia e formas de manter sob controle os conflitos senão as *re-ligiões?* A missão de uma religião ou de um caminho espiritual é manter viva a memória sagrada do elo que tudo liga e *re-liga*; é realimentar a percepção de que as coisas não estão jogadas aleatoriamente, mas que tudo está interconectado formando um todo e uma história cósmica, terrena e humana; e, finalmente, é dar um nome à Fonte de ser e de sentido, origem de tudo, de onde tudo jorra e para onde tudo caminha, chamando-a por mil nomes ou simplesmente Deus.

Não é sem razão que sérios pensadores da política mundial criticam a falta de atenção para com o fator religioso, decisivo na vida dos povos. Lamentam que a religião seja "a dimensão esquecida das estratégias do Estado".

Hans Küng, um dos teólogos católicos que mais contribuíram para uma ética mundial e para a paz entre as religiões, base para a paz entre os povos, com razão afirmou: "Uma análise de conjuntura que exclua a dimensão religiosa, por mais científica que se apresente, é ainda deficiente."

Também nós reafirmamos que a desconsideração do fator religioso e espiritual fecha uma fonte inestimável de tolerância, de humanitarismo e de paz, imprescindível para os povos, para o meio ambiente e para a Mãe Terra.

As raízes da falta de paz

Colocadas estas reflexões preliminares, vamos abordar a questão central, subjacente à Oração de São Francisco: por que não temos paz?

Essa questão é indecifrável pela pura razão especulativa. O que aqui apresentaremos significa apenas um tateamento sobre o mistério diante do qual mais cabe o nobre silêncio do que o fundo pensar e o muito dizer. Entretanto, a razão, especialmente se fecundada pela fé, pode levantar o véu sobre muitos abismos e encontrar motivações para a contemplação silenciosa.

Três teorias mais conhecidas por nós tentam dar conta, embora de forma insuficiente, de nossa falta de paz.

Falta de paz: a rivalidade e a inveja

Essa interpretação foi elaborada por notável pensador francês contemporâneo, René Girard. Sua teoria diz que a dinâmica básica da vida humana se encontra na estrutura do desejo. Este atravessa todas as dimensões de nossa interioridade e possui um caráter insaciável. Por mais que se deseje, se identifique e conquiste os objetos do desejo, sua dinâmica permanece sempre virgem e aberta ao infinito. Por isso o desejo é inestancável, trazendo ansiedade, desassossego e sentimento de falta de paz. Se não consegue realizar seus desejos, o ser humano se sente infeliz e exilado do reino da paz serena e tranquila.

O que pode pacificar o desejo? Qual é a melhor forma de desejar? Ao tentar responder a esta questão, o ser humano se dá conta de que aprende a lidar com seu desejo imitando os outros e desejando o que os outros também desejam. Essa tendência à imitação serviu de base à teoria de Girard chamada de "desejo mimético" (*mimesis* em grego significa imitação). Este desejo mimético estrutura nossa capacidade de desejo. As crianças expressam esse fenômeno com transparência e simplicidade. Não contentes com seus próprios brinquedos, desejam sempre o que está na mão da outra criança. E choram e se tornam violentas na luta pela posse do objeto desejado.

Nessa ânsia de imitação surgem os rivais que instauram um conflito fundamental. Duas ou mais pessoas desejam o mesmo objeto. Entram em rivalidade. Cada uma busca eliminar as demais concorrentes para, somente ela, possuir o objeto desejado. Mas a posse não é tranquila, porque outros vão imitá-la e disputar novamente o objeto. Desencadeia-se uma corrente de violências sem freio. Como parar esse processo destrutivo?

O mecanismo criado pelos seres humanos foi a introdução do bode expiatório. Este ocupava o lugar de todos aqueles que mataram para possuir o objeto desejado por muitos. Em vez de morrerem, morria em seu lugar o bode expiatório. Sua função foi permitir que todos descarregassem suas iras e desejos miméticos frustrados. Por um momento o bode expiatório se tornava a vítima absoluta na qual se concentravam os crimes de todos.

Fazia-se um rito de sacrificação do bode expiatório (inicialmente uma pessoa, um inocente, um escravo, uma criança e posteriormente um animal) através do qual todos se reconciliavam. Não precisavam mais matar ou morrer por causa da disputa do desejo mimético. O bode expiatório morria por todos, no lugar de todos. Agora podia vigorar a paz.

Posteriormente, as culturas colocaram no lugar do bode expiatório as leis e o direito, as ordens estabelecidas e as instituições sociais que funcionam como forma de impor limites à agressividade humana e garantir o funcionamento pacífico da sociedade.

Mas terá sido alcançada a paz? O problema apenas se deslocou, pois constata-se penosamente que todas as ordens produzem vítimas e são excludentes. Elas escondem dentro de si uma violência camuflada: os que não se enquadram dentro delas ou são punidos ou são excluídos.

Não se conhecem formações sociais e instituições, mesmo as mais universalistas, que consigam incluir a todos. Para manter sua identidade, garantir determinada ordem, erigir certas doutrinas ou dogmas e traçar limites ao arbítrio, surgem as normas mínimas que devem ser observadas sob pena de punição ou exclusão. Pois haverá sempre aqueles que as violam ou delas se subtraem por qualquer razão, em nome da liberdade ou de outra ordem melhor. E estes serão punidos ou excluídos.

Reintroduz-se o controle, a repressão e a violência. Manifesta-se a falta de paz. Criam-se mecanismos de desculpa. Inventam-se novos bodes expiatórios.

Cada ordem (instituição, igreja, sistema político entre outros) cria seus "bodes expiatórios": os judeus para o nazismo, os comunistas para o capitalismo, os burgueses para o comunismo, os subversivos para as ditaduras militares, os hereges para a Igreja Católica e assim por diante.

Para os ideólogos do capitalismo, o socialismo funcionou por cinquenta anos como o grande bode expiatório, o Anticristo, o Armagedon. Com sua derrocada se previa um mundo de paz. Hilária ilusão! Surgiu uma nova ordem mundial altamente vitimatória porque assentada sobre o mercado mundial, cuja lógica fria é a competição e não a cooperação. Dois terços da humanidade são excluídos dos benefícios do desenvolvimento, vítimas no altar da Mamona das finanças especulativas. Não há paz no mundo do trabalho, nas empresas, nas políticas nacionais e mundiais. Ressurge a violência na forma da exclusão social, do fundamentalismo e do nacionalismo.

E todos continuam vivendo na ilusão de que, eliminado o bode expiatório, finalmente está aberto o caminho para a paz. No entanto, sacrificado um bode expiatório, cria-se outro e outro e assim sucessivamente. E os seres humanos continuam sem paz, buscando-a ilusoriamente por caminhos que levam a becos sem saída. Morrem de sede antes de chegarem à fonte. Por quê? Porque não conseguem criar sociedades nas quais todos possam caber e não necessitem de violência para se manterem, criando sempre mais vítimas e destruindo a paz.

Faz-se urgente uma grande conversão: ao invés do desejo mimético que exclui, importa introduzir o desejo mimético que inclui e comunitariza o objeto desejado. Desta forma todos podem compartilhar e se beneficiar dele.

Por que não triunfa esta estratégia de inclusão, geradora de paz? Por que predomina o desejo mimético negativo? A razão indagadora vive, sem sucesso, buscando uma resposta.

Falta de paz: o desencontro entre a consciência e a morte

Esta interpretação da falta de paz no coração humano, nas relações interpessoais e sociais provém da moderna tradição psicanalítica.

Segundo essa compreensão, existe no ser humano um confronto permanente entre duas forças antagônicas: o *eros*, que quer a vida, e o *thanatos*, que traz a morte. Por mais que busque viver, o *eros* sucumbe diante do *thanatos*. Daí a imensa dificuldade de se acolher a morte. Esse desencontro entre vida e morte gera o medo, medo de que a morte possa se insinuar de mil formas e completar sua obra devastadora. E por sua vez o medo gera violência, violência contra tudo o que possa ameaçar a vida ou reforçar a morte. Instaura-se um estado de guerra permanente e generalizado e desaparecem as bases para a paz.

Aqui reside a origem da agressividade: o medo de que o outro possa ameaçar, tirar ou diminuir as nossas chances de vida. Ele pode ser portador da morte que rejeitamos. Por isso é inimigo. E como tal deve ser combatido e exterminado, na ilusão de que assim se possa evitar a morte. Ou então, na ilusão capitalista da acumulação privada e ilimitada, procura-se acumular poder e riqueza para garantir ilusoriamente a vida contra a morte. Mas a morte segue seu curso irrefreável e ceifa a todos sem exceção. A morte triunfa sobre a consciência amedrontada, tornando a paz um bem inacessível.

Como superar esse impasse também constatado na interpretação anterior? Antes de mais nada, importa abolir a categoria "inimigo". Como fazer isso? Afastando o medo, produtor da violência. Afasta-se o medo quando se introduz a confiança, o amor incondicional e especialmente o cuidado. Quando os seres humanos começam a se cuidar reciprocamente, cuidar do bem comum, da saúde, da educação, da moradia, da comunicação livre, do meio ambiente, então desaparecem as causas do medo, porque ninguém mais ameaça ninguém.

Essa é a lição de todos os mestres espirituais e dos políticos sábios. É a lição deixada por Jesus. Ele estabeleceu o amor irrestrito ao próximo. Perguntaram-lhe: quem é o próximo? Em vez de dar uma resposta teórica, ele contou a história do bom samaritano. Daí se deriva claramente que próximo é todo aquele de quem eu me aproximo, pouco importando sua condição social ou religiosa. Por isso depende de mim fazer dos outros inimigos ou próximos. Posso assumir um projeto de vida no qual para mim não haja inimigos e, pelo cuidado, pelo perdão e pela acolhida, todos possam ser aproximados e feitos meus próximos.

O ponto de ruptura não se encontra entre o eu e o outro, suspeito de ser inimigo, mas entre minha consciência e as pulsões que rugem dentro dela. Elas estão em mim, mas não preciso fatalmente ser refém delas. Posso colocá-las sob a regência do cuidado, da razão, do amor, da cooperação e da compaixão. Posso – esse é o grande desafio espiritual – acolher a morte como parte intrínseca da vida, como invenção sábia da própria vida que dá um salto de qualidade para fora das coordenadas espácio-temporais rumo a uma ordem superior de vida, de comunicação e de amor.

A morte acolhida amorosamente, como os homens e mulheres espirituais de todos os tempos testemunham, perde a máscara sinistra de arqui-inimiga da vida. Ela se transforma alquimicamente em irmã e em abertura para uma vida superior. O medo desaparece. A consciência livre do medo se sente em paz. A consciência pacificada é a consciência em liberdade e na perfeita alegria. São Francisco de Assis entre outros realizou esse ideal acolhendo a morte como irmã. Esta acolhida está dentro das possibilidades do ser humano, desde que ele esteja imbuído de cuidado, de fé, de esperança e de amor.

Por que a maioria dos seres humanos não consegue manter no nível pessoal, social e internacional essa compreensão? Por que precisa continuamente criar um inimigo? Por que é tão forte a falta de cuidado, o medo da morte e a persistência da agressividade que mina os caminhos da paz? Por quê? Eis uma questão em aberto.

Falta de paz: a perda de re-ligação com a Fonte originária

A terceira interpretação arranca dos muitos porquês aludidos anteriormente. Busca sua fonte de iluminação em outro âmbito da experiência humana: o encontro com o Mistério de Deus ou com o Deus do Mistério. Esta resposta procede da experiência religiosa da humanidade.

Os povos originários desde a mais alta ancestralidade e as pessoas religiosas de todas as culturas – hoje grandes maiorias se orientam por visões religiosas – afirmaram e continuam a afirmar a presença de um Mistério que perpassa e circunda a existência e impregna o inteiro universo. Veem sua atuação no curso das estrelas, nos mínimos movimentos da natureza, na complexidade da vida, no percurso histórico dos povos e principalmente na profundidade do coração humano.

Sua Palavra se dá em mil linguagens. O ser humano pode interpretá-las e ouvir por entre as muitas palavras a Grande Palavra da revelação. Sente-se habitado por Deus. Enche-se de veneração e respeito por cada sinal que anuncia sua presença.

As pessoas que têm fé testemunham a existência de um fio condutor que perpassa todos os seres e une-os como pérolas para formar um esplendoroso colar. Este fio condutor é o Mistério inefável, cheio de vida e de enternecimento. Essas pessoas não se sentem simplesmente lançadas na existência: sabem quem são, se sentem inseridas na grande comunidade cósmica e terrestre e se percebem sustentadas por um Centro de luz e de sentido que lhes orienta a vida. Morrer não é perda. Significa um triunfo da própria vida. Para os homens e mulheres de fé de ontem e de hoje é verdade existencial o que diz a Oração de São Francisco: "é morrendo que se vive para a vida eterna".

Tais pessoas ousam nomear de mil formas esse Mistério, na consciência de que continua sempre Mistério em toda denominação. Chamaram-no Aquele que caminha conosco (Javé), Ísis, o Altíssimo (Alá), Aquele que ilumina (Deus), Aquele que é caminho e meta (Tao), Shiva, Pai e Mãe de ilimitada bondade. Não importam os nomes. Importa a experiência do Mistério unificador.

A expressão cultural desta experiência deu origem às muitas religiões. Elas são os espaços institucionais onde se cultiva essa experiência através de ritos, celebrações, codificações doutrinais e éticas, projetando ideais de justiça, de fraternidade e de felicidade extremamente mobilizadores.

Viver esse sentimento de pertença a um todo maior e sentir-se umbilicalmente ligado e *re-ligado* ao coração divino enchem a vida de paz e de serenidade.

Quando se perde a paz? Quando o ser humano perde o cuidado essencial e a memória bem-aventurada dessa *re-ligação* espiritual. Quando identifica Deus com alguma realidade deste mundo. Quando a injustiça enfraquece a intimidade com o Mistério e se usa a religião, os caminhos espirituais e os ritos sem a consciência de que sozinhos eles nada valem. A consequência é a perda do centro pessoal, a perda da paz.

As religiões e as tradições espirituais falam da fratura que atravessa de cima a baixo a existência humana. O cristianismo refere-se ao pecado original como um estado de pecado, como ruptura com a Fonte originária. Diz-se original, não no sentido da origem temporal, mas da origem existencial do ser humano, portanto, de um pecado que atingiu a origem e a raiz da existência, lá onde ela se *re-liga* ao todo e a Deus.

Construir a paz implica refazer o caminho de volta à Fonte, que passa pela espiritualidade. Ela nos permite encontrar Deus entranhado em todas as coisas e fornece o alfabeto para decifrar a mensagem que orienta a caminhada humana.

Buscando a paz de Deus podemos encontrar a paz humana, paz que se sustenta na justiça, no amor e no perdão, paz que afugenta de nosso horizonte os medos que nos inquietam e nos roubam a paz interior.

A Oração de São Francisco quer fazer de nós instrumentos de paz, daquela paz que nasce do coração de Deus e que penetra no coração de todas as coisas.

Esse caminho é o mais convincente, o mais testado pela humanidade e o mais universal. É o caminho da Oração de São Francisco. Vamos trilhá-lo.

Senhor, afastai de nós os obstáculos no caminho de vossa paz: a inveja, o medo da morte e esquecimento de vossa presença, religando todos os seres. Fortalecei em nós os dinamismos do amor, da colaboração e da acolhida para que possa desabrochar em nós a paz duradoura. Amém.

IV
Senhor, fazei-me um instrumento de vossa paz

Que é a paz?

Recolhemos as razões que nos mostraram por que não temos paz. Seguramente elas aumentaram em nós a vontade de rezar a Oração pela Paz de São Francisco. Mas não queremos ficar apenas removendo obstáculos à paz. Queremos chegar ao reino da paz. Que é, então, a paz?

A paz não se deixa definir por simples conceitos, pois se situa no mundo dos valores, cuja captação passa mais pelo coração que pela cabeça, mais pela sensibilidade que pela racionalidade.

Existem em muitos países e em grandes universidades centros e institutos que se dedicam a estudar a paz. Lendo seus relatórios e seus numerosos documentos, ficamos perplexos em face da insensibilidade que mostram com referência às dimensões espirituais do projeto da paz. Por isso, tais textos revelam-se bons nos diagnósticos, mas pobres nas propostas efetivas de paz. Falta um consenso mínimo acerca do que se entende por paz. Vamos refletir sobre a paz para podermos rezar com mais compreensão a Oração de São Francisco.

Paz: tranquilidade da ordem. Qual ordem?

Há uma definição de paz que remonta a Santo Agostinho (354-430) e que perpassou toda a reflexão cristã até os dias atuais. Os documentos pontifícios referentes à paz se reportam sempre a ela.

"Paz é a tranquilidade da ordem", ensina o grande doutor do norte da África. Paz é a quietude que deriva da conservação e da proteção da ordem pensada pelo Criador. Quando esta ordem é violada, se instala imediatamente a discórdia, a falta de paz e a dilaceração do corpo social. Todos se angustiam e são tomados pelo medo desestabilizador.

Na primeira frase da introdução de sua famosa encíclica *Pacem in Terris* (1963), o Papa João XXIII retoma o tema da paz como tranquilidade da ordem:

"A paz sobre a Terra pela qual têm ansiado os homens de todos os tempos não pode ser fundada e assegurada senão quando a ordem estabelecida por Deus for, conscienciosamente, respeitada."

Essas afirmações são de cristalina compreensão. Mas não serão ainda demasiadamente abstratas? Concretamente, qual é a ordem querida por Deus? Aqui começam discussões sem fim entre cristãos e mestres do pensamento.

A ordem querida pelo Criador: a ordem cristã medieval?

Durante séculos, a ordem querida por Deus era identificada com a ordem proposta pela Igreja: o regime de cristandade, sustentado pelo casamento entre o trono e o altar. O Reino de Deus era identificado com a Igreja, a Igreja com o mundo cristão e o mundo cristão com o mundo. Quem estivesse contra ou fora dessa ordem era considerado inimigo de Deus e instrumento de satanás. Hereges, muçulmanos, pagãos, indígenas foram considerados inimigos da ordem querida por Deus e perseguidos pela Igreja. Mesmo destino tiveram no século XIX os padres libertadores do México, republicanos como Morelos e Hidalgo, e Frei Caneca no Brasil. Consequentemente foram excomungados.

Em todo o mundo, pela livre adesão ou pela força, todos deveriam ser incorporados nessa pretensa ordem. Sob essa égide, como num projeto único – "dilatar a fé do império" –, foi colonizada e cristianizada toda a América ameríndia e negra. A violência aplicada provocou um etnocídio de grandes proporções. Em quatro séculos, onde havia 25 indígenas sobrou somente um. Um dos mais respeitados missionários da América Andina, o Padre José de Acosta, S.J. (século XVI), definia que "o modo novo de anunciar o evangelho é aquele do missionário que se apresenta cercado de soldados e com grande aparato". Um colono espanhol fez disso melhor comentário: "A voz do evangelho só é escutada quando os indígenas ouvem também o fragor das armas de fogo." De pavor, se convertiam em massa.

Esse tipo de evangelização que se faz pelo medo torna impossível a paz. Um sábio maia do século XVI denunciava profeticamente essa perversidade:

"Ah! entristeçamo-nos porque chegaram... introduziu-se entre nós a tristeza... Entre nós foi introduzido o cristianismo... Ensinaram-nos o medo. Vieram para matar as flores. Mataram nossa flor para que somente a flor deles vivesse."

Essa ordem cristã europeia, apresentada como ordem divina, era falsa. Não podia vir de Deus. Deus foi usado para forjar uma ideologia justificadora da conquista do mundo. Todos os cristãos se tornaram cúmplices. Pouquíssimas foram as exceções, que mal podiam se expressar, ameaçadas pela Inquisição. Não sem razão essa ordem produziu mais morte do que vida, mais guerra do que paz.

O profeta maia do século XVI, Chilam Balam de Chumayel, desmascarou-a da sua pretensão de ser a ordem querida por Deus: "Os cristãos em grande número vieram para cá com o verdadeiro Deus. Mas isso significou o começo de nossa miséria... o início do nosso sofrimento... Este verdadeiro Deus que veio do céu fala só de pecado e sua doutrina é só pecado."

A encarnação do Filho de Deus não veio trazer paz a todos os homens de boa vontade? Não é o evangelho boa notícia e, por isso, força geradora de concórdia e de paz?

A nova ordem econômica mundial: ordem natural?

Hoje vigora uma ordem mundial que também se apresenta como natural, ligada à vontade do Criador. É a visão neoliberal com seu modo de produção capitalista e com seu mercado globalizado. Para ela, assim pensam seus ideólogos, não há e não pode haver alternativas. Todos devem se integrar porque fora dela não há salvação.

Vivemos, portanto, sob o pensamento único e sob o monoteísmo da ordem do capital em sua fase mundial. Os que se opõem são logo desqualificados como retrógrados, inimigos do progresso e obstáculos à realização da etapa mais avançada da história.

Entretanto, são as vítimas dessa ordem que desmascaram sua natureza perversa negando-lhe o caráter natural e inevitável. Como pode ser natural se ela funciona apenas para 1,6 bilhão de pessoas? Não é antinatural que os restantes 4 bilhões vivam excluídos, amargando fome e doenças desnecessárias, porque perfeitamente curáveis? É natural que a voracidade produtivista dessa ordem esteja agredindo sistematicamente a natureza, exterminando a cada dia dez espécies de animais e cinquenta de vegetais?

Essa ordem só pode se manter com a utilização maciça de violência sob todas as formas aplicada contra os que resistem e se negam a submeter-se.

Continua portanto de pé a questão: qual é a ordem cuja tranquilidade gera a paz?

Somos responsáveis pela orden-ação *social*

Hoje, mais que em outros tempos, temos clara consciência de que somos seres históricos, e por isso dentro de um processo evolucionário. O que caracteriza esse processo não é a permanência, mas a mudança. As ordens são feitas pelos seres humanos. No processo de construção do sentido de suas vidas, eles se relacionam entre si com a natureza e com as tradições do passado e criam ordens abertas, dinâmicas, cambiantes, para poderem viver com um mínimo de convivialidade, justiça e paz.

Todos são chamados a colaborar na criação de uma ordem que inclua o maior número possível de seres humanos e que promova a permanente busca de um equilíbrio dos interesses para que não sejam destrutivos da paz social. Trata-se de uma paz como tranquilidade da *orden-ação* e não simplesmente da ordem fechada sobre si mesma e ilusoriamente estável.

A *orden-ação* significa, como a própria palavra sugere, a ação que permanentemente cria a ordem humana, sempre frágil e por isso sempre sujeita a um aperfeiçoamento. Essa *orden-ação*, se feita na boa vontade coletiva, sob inspiração de uma ética do cuidado e aberta à dimensão espiritual do ser humano, pode se acercar da ordem querida por Deus.

Cuidar sempre dessa ordem aberta, dinâmica e perfectível pode produzir um mínimo da paz e da tranquilidade tão almejadas pelos filhos e filhas da Terra.

Paz: equilíbrio do movimento. Que equilíbrio?

As reflexões anteriores nos facilitam compreender a segunda definição de paz: paz como equilíbrio do movimento. Esta acepção provém do Papa Paulo VI, que era um atento observador dos cambiantes processos mundiais.

Essa acepção da ordem como equilíbrio do movimento pode ser melhor compreendida se a situarmos dentro da nova visão do mundo derivada das ciências da Terra, especialmente da biologia. Tudo no universo está em movimento, pois tudo se organiza num jogo de relações que a todos envolve. O universo não significa o somatório de todos os seres existentes, mas é o conjunto dinâmico, urdido de caos e de cosmo, das relações que se estabelecem em todas as direções e que pervagam e sustentam todas as coisas.

As sociedades humanas e mesmo as biografias das pessoas se caracterizam pelo movimento. Estamos submetidos a muitos processos que nos transformam. Tanto podemos crescer com eles quanto podemos afundar.

Tudo depende de como os assimilamos e de como encontramos o equilíbrio adequado ao nosso dinamismo e àquilo que podemos incorporar de forma construtiva.

Perceber qual é o equilíbrio do movimento pertence ao âmbito da sabedoria existencial. Os princípios e as indicações, as lições dos grandes mestres, os ensinamentos das religiões e os conhecimentos das ciências são imprescindíveis, mas não substituem o esforço pessoal e coletivo para encontrar o equilíbrio adequado ao movimento pessoal e comunitário.

Bem o entenderam Gandhi, Rigoberta Menchú, Luther King e Dom Hélder Câmara, entre tantos outros e outras em sua mística da não-violência ativa: a paz não deve ser apenas um objetivo, mas também um método. Só meios pacíficos produzem a paz. Somente pessoas interiormente pacificadas podem ser operadoras efetivas da paz. Quanto mais séria for a busca e quanto mais dinâmico o equilíbrio, mais chances existem para a paz.

Paz: consequência da justiça

Há uma terceira compreensão, de grande ressonância na história, que também provém de Santo Agostinho: a paz é obra da justiça.

Esta definição entendeu bem que a paz não pode ser buscada por ela mesma, prescindindo da realização prévia da justiça. Há muitas teorias contemporâneas sobre a justiça. Não entraremos em sua discussão. Vamos nos ater à mais tradicional, assumida pelos principais pensadores cristãos e que remonta a Platão.

Justiça é dar a cada um o que lhe compete. Justiça é ter relação adequada à natureza de cada coisa. Justiça é, portanto, uma relação e uma atitude corretas, exigidas por cada situação. Nesse sentido, importa conhecer minimamente as coisas com as quais nos relacionamos e as situações com as quais nos confrontamos para podermos ter uma atitude e uma relação adequada e justa.

Justiça é tratar o ser humano como convém a um ser humano: com acolhida, simpatia e respeito a sua alteridade. Justiça é tratar as crianças como convém a crianças: cuidando que tenham um lar, zelando por sua inocência e organizando a saúde e a educação infantil. Justiça é realizar a política como deve ser, isto é, com cuidado para com a coisa pública. Justiça é tratar um animal como lhe compete: respeitando sua existência, cuidando das condições que lhe permitam viver e se reproduzir, garantindo seu lugar na comunidade dos viventes como companheiro dos seres humanos na aventura da vida. Justiça é tratar o cálice sagrado como convém às coisas sagradas, guardando-o num lugar especial e separado, em reverência ao seu caráter simbólico. Justiça é tratar a vassoura como lhe convém, não a colocando no centro da sala, mas em um lugar próprio, cuidando que realize sua natureza de limpar. E assim poderíamos exemplificar outras realizações da justiça.

A justiça social representa hoje um dos mais graves desafios para a consciência mundial. O fosso entre aqueles que estão dentro da "ordem" mundial e os que estão excluídos dela aumenta dia a dia. A utilização das tecnologias de ponta permite uma acumulação fantástica, mas perversa, porque injustamente distribuída. Vinte por cento da humanidade controlam oitenta por cento de todos os meios de vida. Tal fato cria um desequilíbrio perigoso no movimento da história.

Se paz é equilíbrio do movimento, vivemos tempos de graves desequilíbrios, de verdadeira guerra declarada contra a Terra, contra os ecossistemas depredados, contra os povos deixados à margem porque não interessa mais ao capital mundial explorá-los, contra classes inteiras de trabalhadores feitos descartáveis e excluídos. Guerra contra os 2/3 da humanidade cuja vida não tem a sustentabilidade suficiente para viver em paz. O movimento político mundial não revela nenhum equilíbrio. Ao contrário, o desequilíbrio em todos os campos mostra-se ameaçador para o futuro comum da humanidade e da Terra.

Quando uma sociedade se organiza ao redor daquilo que é conveniente em cada dimensão, então pode florescer a paz, fruto da justiça.

Paz: con-cór-dia e cor-dialidade

Os seres humanos não vivem apenas de justiça, mas também da gratuidade e da alegria de estarem juntos como humanos, amigos, irmãos e irmãs. Dessa dimensão nasce a *con-cór-dia*.

Na sua composição, a palavra *con-cór-dia* é rica de significado. Ela expressa a *sin-fonia* dos corações (cor) que pulsam ao mesmo ritmo (con). Quando um coração escuta o coração do outro, quando lhe capta as aspirações manifestas e principalmente as secretas, quando os corações convergem, nasce a sintonia recíproca e se produz a *con-cór-dia*. *Con-cór-dia* é um outro nome para a paz, fruto dos corações em uníssono, num só sentimento, numa só alma, num só espírito, num só propósito, num só sonho.

Tal *con-cór-dia* não anula as diferenças, mas as faz convergir para além das diversidades históricas e culturais.

Junto com a *con-cór-dia* vem a *cor-dialidade*. *Cor-dialidade* tem a ver com o coração (cor) e com sua lógica, tão exaltada por Pascal. A lógica do coração coloca a pessoa antes dos interesses, o bem-estar espiritual antes do bem-estar material, a paz acima da vontade de ter razão. As relações humanas sempre são relações afetivas onde entra o coração com suas contradições. Dele podem irromper tanto os preconceitos e as exclusões como o abraço que congrega e o amor que une.

A paz é *cor-dialidade* quando as pessoas e as sociedades conseguem transformar as relações existentes de discriminação e de dominação em relações de inclusão e de participação equitativa. A relação senhor-escravo, presente em quase todas as relações sociais, se transforma numa rede de relações entre os cidadãos livres que se cuidam reciprocamente e se tratam com *cor-dialidade* e de forma igualitária. Certamente, a paz como *con-cór-dia* encerra muito de utópico. Mas se não buscarmos o utópico, o inatingível, não realizaremos o tópico, o que se pode atingir; se não almejarmos o impossível, não alcançaremos o possível: a paz cotidiana que propicia uma discreta, mas intensa alegria de viver.

Vossa Paz – nossa paz: Paz de Deus e trégua humana

Nossas reflexões mostraram não apenas uma falta de paz na história humana e no coração das pessoas, mas também a impossibilidade histórica de criarmos condições adequadas que permitam emergir e garantir a paz. Que futuro tem a busca da paz?

Neste contexto descobrimos o valor da Oração de São Francisco, pois ela se situa no coração de outro tipo de paz que poderá possibilitar a paz humana. Trata-se da paz de Deus, "a vossa paz". Jesus nos diz que o mundo não a pode dar: "deixo-vos a paz, eu vos dou a minha paz; não como o mundo dá eu vo-la dou" (Jo 14,27). Em que consiste a paz de Deus?

Indo diretamente ao cerne da resposta, podemos afirmar: ela reside no espírito das bem-aventuranças, cristalizado no texto do Sermão da Montanha (Mt 5,1-12; Lc 6,20-25). Foi neste texto que se inspirou Leon Tolstoi ao propor a atitude de não-violência. Foi lá que bebeu Gandhi para inaugurar sua política da não-violência ativa. Foi lá que bebeu Martin Luther King Jr. para enfrentar a discriminação racial contra os negros. Foi lá que se inspirou São Francisco no seu movimento pacifista por toda a Itália feudal.

Qual é a chave do espírito das bem-aventuranças? É não permitir que o mal, a ofensa, a perseguição e o ódio tenham a última palavra. Mas o amor, o perdão, a misericórdia, a mansidão e a cordialidade. Tal atitude implica abolir de vez a categoria "inimigo", fazendo com que todos sejam incluídos no cuidado recíproco, na confiança mútua e no amor sem fronteiras.

Em face das ambiguidades da realidade onde o *dia-bólico* acompanha sempre o *sim-bólico*, o espírito das bem-aventuranças nos faz crer na vitória do *sim-bólico*. A parte doentia do ser humano (*dia-bólico*) pode ser curada pela parte sã (*sim-bólico*).

O futuro está do lado do cuidado, do amor e do perdão, jamais do lado do ódio e da exclusão. É o perdão, o amor e o cuidado que fundam uma paz possível, embora sempre ameaçada pela persistência histórica do ódio e da exclusão. Portanto, importa reforçar a positividade. Ela tem energia suficiente para limitar a força desagregadora da agressividade.

Perdoar é tirar quem nos ofendeu de seu enquadramento de ofensor. Ele, como pessoa, é mais que um ofensor. Possui potencialidades que podem e devem ser resgatadas. Por isso, perdoar é tirá-lo de sua solidão de produtor de ofensas para transformá-lo em ser de comunicação e de amorosa amizade.

Essa atitude é de pura gratuidade e de completa incondicionalidade. O amor, como a fome, não pode esperar pela retribuição. Ama por amar, como a flor que floresce por florescer.

Porque possui essa estrutura de gratuidade, o amor se caracteriza sempre por um "mais", típico da experiência de Jesus e tão bem expresso na Oração de São Francisco: "fazei que eu procure *mais* consolar, que ser consolado; *mais* compreender, que ser compreendido; *mais* amar, que ser amado". Nesse "mais" emerge o ser humano mais forte do que qualquer condicionamento. Ele é capaz de continuar amando, mesmo que não encontre correspondência.

Esse "mais" revela a capacidade de autossuperação do ser humano, um modo de ser que deixa para trás o mundo do ressentimento e da autocentração para se lançar na direção do outro, sem perguntar quem é, como é, de onde vem e qual é sua condição moral. Esse é o modo de ser do Criador, que dá o sol e a chuva a bons e maus, a justos e a injustos, e que ama os ingratos e maus (Lc 6,35). Essa constitui uma atitude fundadora da paz divina que deve inspirar a paz humana sem qualquer pré- condição, a paz sem inimigos.

A paz humana deixada à mercê da ambiguidade de nossa situação é antes uma trégua entre os beligerantes do que uma verdadeira paz entre eles. É uma pausa durante a qual cada um se refaz das refregas e se prepara para retomar a luta. A trégua se situa dentro do espírito de guerra. Nenhuma guerra é santa, justa e limpa. Todas as guerras são desumanas e iníquas.

A paz verdadeira não pode se basear em razões unilaterais, pois estas alimentam o conflito. A paz nasce somente quando houver cuidado e cooperação entre as culturas, as nações, os líderes políticos, os artistas, os pensadores, os religiosos e todos os seres humanos, homens e mulheres.

Todas as reflexões que fizemos em nossa análise dizem a verdade da paz. Mas importa *fazer* a verdade da paz. Então a paz passará da cabeça ao coração, do coração às mãos e das mãos aos processos sociais, econômicos, políticos e ecológicos, para que se mantenham no equilíbrio de seu movimento e produzam uma paz sustentável.

Senhor, fazei-nos construtores da ordenação que se orienta pela justiça e pela cordialidade, capaz de trazer paz ao mundo. Dai-nos o sentido do equilíbrio dinâmico para que a vossa paz esteja nas nossas intenções, nos meios que usamos e nos fins que almejamos. Amém.

V
SENHOR, FAZEI-ME UM INSTRUMENTO DE VOSSA PAZ

Como ser um instrumento de vossa paz?

Como ser instrumento da paz de Deus? Como trazer a paz de Deus para dentro dos processos humanos?

Que é ser instrumento?

Para entendê-lo, precisamos compreender o instrumento, não de forma mecânica, mas existencial. A compreensão mecânica considera o instrumento como algo exterior ao que ele serve. Por exemplo, com o instrumento de uma escada alcanço o cacho de bananas lá no alto. Mas a natureza da escada não tem nada a ver com as bananas. Ela é apenas um instrumento material a serviço do propósito de colher o cacho de bananas.

Ser instrumento de paz não é a mesma coisa. Quem quiser ser instrumento da paz de Deus deve ele mesmo ser uma pessoa pacificada, imbuída de cuidado essencial e cheia do espírito das bem-aventuranças, que é o que traz a paz. Deve irradiar paz de dentro para fora a partir de sua identidade mais profunda.

Vejamos uma sambista, mulata dos morros cariocas, com seu corpo perfeito e seu porte de princesa africana, que dança sintonizada com a música de carnaval. Seu corpo, suas pernas e sua cintura não são meros instrumentos a serviço do ritmo do samba. Mas se fazem ritmo e dança. Os passos de seus pés, o jogo gracioso de suas pernas, a sinuosidade de sua cintura não são instrumentos do ritmo e da musicalidade. São a própria musicalidade e o ritmo que neles ganha corpo e plena comunicação humana. Seu corpo se transforma em espírito, tal é sua virtuosidade e sua identificação com o ritmo.

O mesmo fenômeno constatamos no tocador apaixonado de violão. O corpo todo se debruça sobre o instrumento, os braços o envolvem como quem acaricia e os dedos deslizam ágeis sobre as cordas, dedilhando com tal espontaneidade e graça que tudo parece uma coisa só: o tocador, seu corpo, o violão, as cordas, os dedos, o ritmo e a música. Tudo é instrumento vivo da musicalidade.

Nós nos fazemos instrumentos da paz de Deus quando estamos de tal forma impregnados de paz, que nem sequer pensamos nela; irradiamos paz e benquerença, comunicamos bondade e amorosidade porque a paz de Deus se fez carne de nossa carne.

São Francisco, instrumento da paz de Deus

Exemplo de paz personalizada encontramos em São Francisco de Assis. As biografias do tempo, como a de Tomás de Celano, de São Boaventura, da Legenda dos Três Companheiros, da Legenda Perusina, são unânimes em afirmar que era um homem no qual a estrutura do desejo alcançou suprema expressão. São Boaventura o chama simplesmente *vir desideriorum*, homem-desejo.

Como sabemos, os desejos em si são ilimitados e conflitantes. Como integrá-los? Como pacificá-los? Que exemplo nos transmite São Francisco?

A paz consigo mesmo

A *Legenda dos Três Companheiros*, um dos testemunhos mais autênticos sobre São Francisco, mostra sua estratégia: dar centralidade a um desejo fundamental e ao redor dele integrar os demais. Para encontrar seu desejo axial "foi consultar os sábios e os simples, os perfeitos e os imperfeitos, os grandes e os pequenos, procurando saber deles de que maneira poderia chegar mais facilmente ao cume da perfeição". E descobriu que o caminho para isso é o evangelho dos simples, vivido ao pé da letra, sem comentários que o enfraqueçam. Chamou esse caminho de via da simplicidade. Feliz com a descoberta, exclama: "é isso que eu desejo ardentemente; é a isso que aspiro com todas as veras de minha alma... é isso que desejo pôr em prática com todas as minhas forças".

Em São Francisco identificamos o desejo mimético em altíssima forma de expressão. Queria seguir e imitar Jesus nos seus mínimos detalhes e teatralizava seu propósito a ponto de querer ser um com Cristo. A estigmatização no final da vida realizou seu desejo mimético fundamental. O desejo mimético aqui não é o confronto com o rival para arrebatar-lhe o objeto do desejo. É o encontro com o arquétipo do Mestre a quem quer seguir e amar tão radicalmente, que lhe permita uma experiência de não-dualidade, de identificação. Não é isso que os místicos como São Boaventura, São João da Cruz e Santa Teresa testemunham?

Para chegar a essa identificação, Francisco se dá conta de que deve pacificar a vulcanicidade do desejo que o toma por dentro. Uma das coisas que mais pede a Deus em suas orações é poder integrar seus desejos. Suplica a graça de conquistar a paz do coração, pois esse vem sempre dilacerado pela ambiguidade e pelo *sim-bólico* e *dia-bólico*. As penitências a que se submeteu não eram autoflagelação dolorista, mas maneira de conquistar a si mesmo e a liberdade interior.

Esta liberdade custou-lhe muitos sacrifícios porque o *daimon* que o habitava – aquela energia interior de entusiasmo e de vigor que o impregnava – quase rompia os limites de seu próprio corpo. No final da vida reconhecia que, com a graça de Deus e com o autocontrole, alcançara a *con-cór-dia* entre o espírito e o corpo, entre a vontade de ascensão e o atendimento aos desejos do corpo. Quando, admirado, um confrade comentava com que diligência o corpo lhe obedecia, respondeu: "Posso testemunhar que o corpo sempre foi obediente... só quis cumprir o que eu mandava. Neste ponto estamos completamente *con-cor-des* eu e ele: servimos ao Senhor Jesus Cristo sem nenhuma repugnância."

A paz na comunidade de irmãos

São Francisco de homem-desejo se fez homem-paz. Imbuído da paz de Deus, podia assumir a missão de paz, como ele mesmo entendeu sua atividade pacificadora e a do grupo que se criou ao seu redor, um verdadeiro movimento pacifista nos moldes modernos. No seu testamento confessa claramente: "Como saudação, revelou-me o Senhor que disséssemos: 'O Senhor te dê a paz.'" Ele e seus companheiros, por onde chegavam, saudavam com essa expressão ou com a outra que predominou até os dias de hoje: "Paz e Bem."

Quis primeiro que a paz fosse vivida internamente nas relações entre os próprios confrades. Chama-os sempre de "irmãos meus", "meus amadíssimos irmãos" ou "irmãos meus abençoados", expressões de extremo afeto que impedem qualquer espaço para rupturas ou exclusões. Um devia ser mãe para o outro. Apesar dessa benquerença, a dimensão *dia-bólica* se introduz também nas comunidades dos irmãos. Conflitos são sempre possíveis. O problema não está nos conflitos, mas na maneira de enfrentá-los. Ao superior do convento que se vê às voltas com tais situações e que, queixoso, lhe escreve, São Francisco envia a seguinte resposta, verdadeira estratégia de paz:

"Ama aos que procedem com violência contra ti, não exigindo deles outra coisa senão o que o Senhor te der. E justamente nisso deves amá-los, nem mesmo desejando que eles se tornem cristãos melhores. E isto te valha mais do que a vida em eremitério. E nisto reconhecerei que amas realmente o Senhor e a mim, servo dele e teu, se fizeres o seguinte: não haja irmão no mundo, mesmo que tenha pecado a mais não poder, que após ver os teus olhos se sinta talvez obrigado a sair de tua presença sem obter misericórdia, se misericórdia buscou. E se não buscar misericórdia, pergunta-lhe se não a quer receber. E se depois disto ele se apresentar ainda mil vezes diante de teus olhos, ama-o mais do que a mim, procurando conquistá-lo para o Senhor. E tem sempre misericórdia com tais irmãos."

Esta resposta contida na *Carta a um ministro dos frades menores* representa um dos tópicos da mais alta espiritualidade que a tradição ocidental produziu, uma página de puro evangelismo. É o evangelho da paz pela via do amor incondicional e do perdão ilimitado, da compreensão sem qualquer pré-condição. O resultado só pode ser a inauguração do reino messiânico da paz de Deus.

A paz na sociedade de desiguais

A paz que Francisco quis alcançar não se restringiu apenas às relações entre as pessoas. Sabemos que é nas relações societárias que ocorrem as violências estruturais que mais vítimas fazem. A sociedade de seu tempo era profundamente dividida entre "maiores" e "menores", clérigos e leigos, nobres e plebeus. Entre eles havia conflitos permanentes e guerras entre burgos.

São Francisco desarma os conflitos pela bondade e pelo enternecimento. Não guarda nenhum ressentimento diante de outros que têm opções diferentes da sua, como os ricos. Diz a *Legenda dos Três Companheiros* que ele insistia junto aos confrades "para que não julgassem a ninguém e não olhassem com desprezo aqueles que vivem no luxo e se vestem com sofisticação e fausto, porque Deus é Senhor deles e nosso e tem o poder de chamá-los a Si e fazê-los justos".

Com referência aos prelados que viviam de forma dissoluta, dizia: "quero convertê-los por meio da santa humildade e da reverência a eles".

Aos ladrões que assaltavam para comer, conquista-os indo atrás deles, gritando-lhes: "Irmãos ladrões, vinde a nós. Somos frades e lhes trazemos excelente vinho e pão saboroso." E arma a toalha no chão para com eles comer. No final, são aconselhados: "quando assaltardes, pelo amor de Deus, não golpeeis nem maltrateis as pessoas..."

Tocados de tanto afeto, deixaram sua vida marginal e alguns entraram nos conventos.

A conversão do lobo de Gubbio é uma metáfora da atitude de São Francisco para com um explorador ou com toda uma coligação de opressores que amedrontavam e achacavam a população da cidade. Sua estratégia não é dura e agressiva contra a opressão, mas doce e suave pela via do diálogo, do apelo à sensibilidade que sempre existe nas pessoas e da certeza da primazia da colaboração sobre a competição. Fez-se um acordo entre o lobo de Gubbio e os cidadãos: todos deviam se ajudar mutuamente para que ninguém passasse necessidade e todos pudessem viver em paz.

São Francisco pacificou situações de grave litígio em Bolonha, Arezzo, Siena e principalmente em sua cidade natal, Assis. Esta última foi particularmente comovedora. Em seu leito de morte ouviu falar da contenda entre o prefeito da cidade e o bispo Guido. Este havia excomungado o prefeito, que, por sua vez, proibiu que qualquer cidadão fizesse negócios com o bispo. A rixa dilacerava a cidade. Com a autoridade moral de que gozava e apesar da doença mortal, Francisco se mobilizou solicitando a ambos, bispo e prefeito, que se encontrassem diante do palácio episcopal. Para lá mandou dois confrades pedindo que, em seu nome, cantassem o cântico do Irmão Sol, acrescido de uma estrofe especialmente preparada: "Louvado sejas, meu Senhor, por aqueles que perdoam por teu amor e suportam enfermidades e tribulações. Bem-aventurados os que sustentam a paz e que por ti, Altíssimo, serão coroados."

O efeito foi imediato. Ambos se perdoaram e se abraçaram efusivamente. A população delirou vendo o milagre operado por seu filho melhor, o *poverello* e *fratello*, instrumento de paz social.

A paz perene com a natureza e com a Mãe Terra

A paz não seria completa se não abraçasse também o mundo. Francisco mostrou tal unção e veneração pela natureza que estabeleceu uma paz perene com a Terra, amada como Mãe e irmã, e com todas as criaturas. Tomás de Celano, seu primeiro biógrafo, resume maravilhosamente a atitude ecológica de São Francisco: "Enchia-se de inefável gozo todas as vezes que olhava o sol, contemplava a lua e dirigia sua vista para as estrelas e o firmamento... quando se encontrava com as flores, pregava-lhes como se fossem dotadas de inteligência e as convidava a louvar o Senhor. Fazia-o com terníssima e comovedora candura; exortava à gratidão os trigais e os vinhedos, as pedras e as selvas, a planura dos campos e as correntes dos rios, a beleza das hortas, a terra, o fogo, o ar e o vento. Finalmente, dava o doce nome de irmãs a todas as criaturas, de quem, por modo maravilhoso e de todos desconhecido, adivinhava os segredos como quem goza já da liberdade e da glória dos filhos de Deus."

Essa atitude de reverência e enternecimento levava-o a recolher as lesmas dos caminhos para não serem pisadas. No inverno dava mel às abelhas para que não morressem de escassez e de frio. Pedia aos irmãos que não cortassem as árvores pela raiz, na esperança de que pudessem se regenerar e crescer de novo. Até para as ervas daninhas deviam ser reservados lugares nos hortos, para que pudessem sobreviver, pois "elas também anunciam o formosíssimo Pai de todos os seres".

Só pode viver essa intimidade com todos os seres quem escutou sua ressonância simbólica dentro da alma, unindo a ecologia ambiental com a ecologia mental e profunda, quem jamais se situou acima das coisas, mas ao seu pé, verdadeiramente como irmão e irmã, descobrindo os laços de consanguinidade que une a todos. Estamos todos umbilicalmente ligados ao Pai materno, criador e provedor universal. Dessa atitude nasce uma imperturbável paz, sem medo de ameaças, paz de quem se sente em casa com os pais, os irmãos e as irmãs.

A suprema forma de paz: a completa abnegação

A suprema expressão da paz, feita de paciência, compreensão e perdão, é simbolizada pelo conhecido relato da perfeita alegria. Através de um artifício da imaginação, São Francisco apresenta todo tipo de injúrias e violências contra dois confrades (um deles é o próprio São Francisco) que, encharcados de chuva e de lama, chegam ao convento. Aí são rechaçados a bastonadas pelo frade porteiro. Embora reconhecidos como confrades, são vilipendiados moralmente e rejeitados como malévolos.

No relato da perfeita alegria, Francisco vai passo a passo desmontando os mecanismos que geram a cultura da violência. A verdadeira alegria não está na autoestima, nem na necessidade de reconhecimento, nem em fazer milagres e falar em línguas. Em seu lugar coloca os fundamentos da cultura da paz: o amor, o perdão, a reconciliação para além de qualquer pressuposição ou exigência. Só então irrompe a perfeita alegria que é uma paz interior inalterável, capaz de conviver jovialmente com as mais duras contradições, paz como fruto de completa abnegação. Não são essas as primícias do Reino de justiça, de amor e de paz?

Francisco se fez então pessoa-instrumento de paz, da paz que Deus quer para a humanidade. A paz não ficou sendo apenas um desejo vão, nem simples *pro-posta*. Foi *res-posta* radical, por obra e graça do Mistério e pela colaboração humilde e jovial de um dos melhores homens que o cristianismo produziu, Francisco de Assis.

Depois de todas essas reflexões, podemos enfim compreender a dimensão do desafio que nos é lançado: o de sermos nós também instrumentos de paz num mundo conturbado por toda sorte de rupturas e de conflitos.

Senhor, fazei-nos instrumento de vossa paz na medida em que procurarmos viver em paz com nós mesmos, com a comunidade mais próxima, com a sociedade desigual e no meio dos piores conflitos. Que possamos nos esforçar para suportar tensões e contradições, buscando manter comunhão com todas as criaturas e tornando visível a vossa paz. Amém.

VI
Onde houver ódio, que eu leve o amor

A vida pessoal e social dos seres humanos é movida por duas grandes paixões: o amor e o ódio. Santo Agostinho projetou sua concepção da história universal sobre essas duas forças poderosas: o amor que leva até à morte do eu por causa do outro e o ódio que leva até à morte do outro por causa do eu. O amor funda a Cidade de Deus, onde os humanos se sentem integrados como num grande útero. O ódio funda a cidade de Satanás, onde os humanos se entredevoram como numa prisão.

Essas duas cidades – esses dois tipos de sociedade – se permeiam, uma se encontra dentro da outra. Amor e ódio são como uma seara dentro da qual trigo e joio crescem inseparavelmente juntos. Isto nos ajuda a entender por que o amor nunca é só amor: ele carrega consigo permanentemente a sombra da antipatia possível e da indiferença em face dos outros. E por que o ódio nunca é só ódio: vem sempre acompanhado de alguma compaixão, de algum enternecimento e de alguns sinais de má consciência e de arrependimento.

Graças a Deus, nunca conseguimos ser totalmente maus. Caso contrário afundaríamos em absoluta perdição. Na verdade somos como paraquedas: vamos caindo devagar e lentamente. E na queda podemos resgatar a dimensão de amor que se oculta dentro do projeto de ódio.

A dramaticidade da vida humana pessoal e coletiva reside na coexistência de amor e de ódio. Há momentos em que predomina o ódio sobre o amor. Pessoas, grupos e povos deixam aflorar o sentimento de rejeição, de exclusão e de morte. As coisas começam no coração: nele se alimenta o preconceito, se aninha a má intenção e se elabora a antipatia. Depois têm continuidade nas atitudes: elas projetam atos de rejeição, de exclusão e de morte. Por fim elas terminam nas mãos: com elas se pratica a violência, a tortura, a limpeza étnica, o assassinato e a guerra de extermínio. O ódio é uma avassaladora energia de destruição.

Há momentos em que predomina o amor sobre o ódio. Então o coração é terno e amoroso; as atitudes, benevolentes e acolhedoras; as ações, construtivas e solidárias. As pessoas se abraçam, os grupos cooperam e os povos se respeitam e se estimam. O amor move o céu e todas as estrelas (Dante). O amor é o nome próprio de Deus (São João).

Como enfrentar a força do ódio? Não funciona a repressão. Não basta a contenção. Não é suficiente o autodomínio. Só o amor vence o ódio. Unicamente o amor desmonta as estratégias da rejeição, porque o amor é a energia da inclusão ilimitada. Mesmo quando não encontra amor, o amor perdoa e encerra o inimigo em seu seio. Não há força que subjugue a ternura de um olhar e o afeto de um abraço. Testemunha-o São Paulo em seu famoso hino ao amor: "O amor tudo desculpa, tudo crê, tudo espera, tudo tolera; o amor nunca acabará" (1Cor 13,7-8).

Que fazer para o amor superar o ódio? Organizar um projeto fundamental de vida onde o amor seja o eixo central, onde a força inspiradora de nossos desejos e de nossas ações, das mais simples às mais altas, nasça do amor. O amor deve engravidar toda nossa vida. O que for gerado guarda os traços do amor, assim como a criança que nasce revela os traços da mãe e do pai.

O amor não vence todas as batalhas. Ele conhece derrotas. Mas ganha a batalha decisiva e final. O termo de todas as lutas da existência humana é o abraço amoroso entre todos ao se reconhecerem como próximos, como irmãos e como irmãs. Passa o sofrimento, passa o ódio. No final só o amor permanece, aquecendo corações, direcionando para frente e para cima a história e sendo a vida e a alegria da eternidade.

Senhor, onde houver ódio, que eu leve o amor. Fazei que desentranhemos de nós o amor escondido sob as cinzas de ódios secretos. Que nosso amor aos outros suscite o amor escondido neles, capaz de transformar o ódio. Fazei que o amor incendeie nossos corações, irradie em nossas atitudes e se realize em nossas ações, para que o ódio não tenha mais lugar dentro de nós. Amém.

VII
Onde houver ofensa, que eu leve o perdão

A história dominante é dominante porque é feita pelos vencedores. Estes têm poetas que lhes cantam as vitórias, artistas que lhes levantam monumentos e historiadores que lhes perenizam a memória. Mas quem escuta a voz das vítimas injustamente ofendidas e vencidas?

As ofensas conhecem incontáveis formas e se apresentam sob infindos rostos. Há dez mil anos as mulheres padecem sob a cultura patriarcal e machista. Elas foram e são especialmente ofendidas porque não se lhes reconhece o inestimável trabalho de reproduzir a vida, cuidar da casa, educar os filhos e repassar, junto com o leite materno, os valores que sustentam a cultura. Fazem história, mas, mesmo quando ocupam parcela importante do mercado de trabalho, lideram movimentos sociais, ou deles participam, são, em sua grande maioria, mantidas fora do cenário, invisíveis. Os homens esquecem que nasceram de uma mulher.

Os povos originários dos vários continentes foram eliminados em guerras desiguais ou desapareceram em integrações e assimilações forçadas. São ofensas sobre ofensas.

Milhões e milhões de africanos foram arrancados iniquamente de suas terras e levados como escravos para serem consumidos como carvão no processo produtivo dos brancos. Uma ofensa historicamente irreparável.

Os pobres do mundo inteiro são continuamente ofendidos em sua dignidade, pois a eles é negado o direito a uma cidadania básica que lhes garanta o mínimo de sobrevivência. Inumeráveis líderes comunitários, sindicais, políticos e religiosos foram e são ainda injustamente presos, torturados, exilados e assassinados por causa de sua luta pela justiça elementar.

Até o juízo final, todos esses humilhados e ofendidos têm direito de reivindicar justiça e reconhecimento de sua causa.

Há ainda a ofensa cotidiana, anônima, que acontece nas relações interpessoais e sociais, quando alguém procura diminuir o outro, destruir-lhe a imagem e intencionalmente humilhá-lo.

Como levar o perdão onde vigora tanta ofensa? Levando o sentimento de justiça e o dever do perdão. Antes de mais nada, os opressores têm uma dívida para com todas as vítimas que fizeram na história, uma dívida de justiça. As mulheres não ocupam ainda um lugar devido na sociedade, os indígenas não viram suas terras devolvidas e os negros, um dia escravizados, não receberam até hoje a mínima compensação. Todos continuam humilhados e ofendidos.

Há ainda a necessidade de pedir perdão. Os chefes de Estado e os representantes das classes dirigentes devem fazer um pedido de perdão solene, verdadeiro e formal pelas ofensas infligidas a milhões de pessoas pelos séculos afora. Tal gesto implica reconhecimento de culpa somente reparada por políticas compensatórias e pelo resgate da memória, dos valores e das culturas silenciadas.

Mas há um perdão que os próprios humilhados e ofendidos são convidados a conceder. É a grandeza e a magnanimidade possível do coração humano. Perdoar os que os ofenderam não significa esquecer os golpes e as feridas recebidas. É a capacidade de ver o ofensor não apenas como um ofensor, mas como um ser humano a ser lastimado pela maldade que perpetrou. E ao mesmo tempo perceber que ele é portador de potencialidades capazes de transformá-lo em amigo e irmão. Perdoar é abri-lo para essa possibilidade.

Desta forma superamos a dicotomia oprimido-opressor e ofensor-ofendido. Vamos nos descobrir sobre o mesmo chão humano a partir do qual importa construir coletivamente um mundo onde há lugar para a reconciliação e o perdão, e onde o cuidado recíproco, a fraternidade, a solidariedade e o mútuo respeito constituem os alicerces perenes da convivência.

Senhor, onde houver ofensa, que eu leve o perdão. No dia em que fizerdes o balanço de nossa história, perdoai os que ofenderam e humilharam nossos irmãos e irmãs, pois eles também são vossos filhos e filhas. Mas dai-nos força para nunca fazermos o que eles fizeram. Antes tornai-nos seres de solidariedade, de compaixão e de amor ilimitado. Amém.

VIII
Onde houver discórdia, que eu leve a união

A discórdia dilacera em muitos níveis o tecido social e o coração dos seres humanos. Há discórdia entre nações por disputas econômicas, por questões de limites geográficos, por conflitos ideológicos e por ressentimentos ancestrais. Daí nascem as guerras, que são a suprema expressão da discórdia.

A discórdia aflige as classes sociais em conflitos de interesses antagônicos. Os que ganham querem ganhar mais e os que ganham mais nunca acham ser o suficiente. Esta voracidade origina tensões que rompem os laços mínimos de justiça e de pertença a uma mesma história e a um destino comum.

Quantas vezes as forças sombrias ganham a partida! Instauram a divisão a serviço da dominação. Opõem uns contra os outros para enfraquecê-los e mais facilmente imperar sobre cada um deles. Não é essa a política preferida pelos poderosos do mundo? Não foi isso o que fizeram os antigos e novos colonizadores, dividindo etnias ao meio, criando países distintos, para que se guerreassem entre si, se enfraquecessem mutuamente e deixassem o colonizador, seu real inimigo, intocável?

A discórdia perpassa não raro os membros de uma mesma família. Irmão odeia irmão, irmã odeia a mãe e filhos, e filhas desejam a morte dos pais para herdar-lhes a fortuna acumulada.

A discórdia alcança as profundezas do coração humano quando se deixa tomar pelo ódio, pelos maus propósitos e pela vontade de vingança. Trava-se uma luta renhida entre o eu *dia-bólico* e o eu *sim-bólico*. O eu *dia-bólico* quer dividir e perpetrar a maldade. O eu *sim-bólico* tem consciência do mal que causou, busca refazer laços e *re-ligar* o que foi estraçalhado. A pessoa sente-se a arena onde anjos e demônios se confrontam, cada um querendo dominar todo o campo.

Apesar da dramaticidade desta situação, um dos anseios mais profundos do espírito é a busca da concórdia entre o desejo e o coração, entre o coração e a realidade e entre a realidade e a Fonte originária de todos os seres. O ser humano precisa captar essa união para orientar-se e não sentir-se exilado num mundo cheio de sinais contraditórios.

Que significa levar união onde há discórdia? Antes de mais nada, trata-se de eliminar as causas que levam à discórdia. A principal delas é a injustiça pessoal e social. Esta destrói as relações de amizade entre as pessoas e rompe o tecido da sociedade. Quem se compromete com as mudanças necessárias, transformadoras de relações injustas, e participa ou apoia movimentos que de forma organizada buscam a justiça, está criando as condições da união.

A compreensão e a tolerância são fundamentais para que haja união entre os povos e entre as múltiplas diferenças existentes na sociedade. A compreensão implica superar todo enrijecimento de opiniões e todo tipo de dogmatismo. Implica estar aberto a novas visões e fazê-las conviver com as suas. Daí a importância da tolerância. Ela não significa aprovação de tudo, nem aceitação daquilo que não se pode modificar. Significa a capacidade de respeitar as posições dos outros e de conviver jovialmente com elas. Somente quem as respeita ganha o direito de discuti-las, criticá-las e até de opor-se a elas. A tolerância permite a convivência com as diferenças, o enriquecimento mútuo, a convergência na diversidade e a união dinâmica e aberta a novos aportes.

Levar união onde há discórdia implica afinal levar uma visão holística da realidade. Tudo no universo e na história tem a ver com tudo e se encontra unificado no coração de Deus. Nada está jogado ao leu. Um desígnio divino enlaça todos os processos e compõe uma sinfonia com todas as notas, mesmo as mais destoantes, de tal forma que haja uma só história, história da criação e da salvação, da humanização, história da divinização.

Essa visão integradora da unidade da história nos permite dizer como os sábios orientais e os místicos cristãos: o coração do universo, o coração da flor, o coração da vida, o coração do ser humano e o coração de Deus são, em sua última radicalidade, uma coisa só. Encontram-se sempre unidos de forma dinâmica e convergente.

Onde há discórdia, que eu leve a união. Dai-nos sede de justiça, de compreensão e de tolerância para convivermos jovialmente uns com os outros. Dai-nos um coração que sinta o pulsar do coração do universo e de cada criatura, sintonizado com o vosso Coração divino que tudo une, tudo diversifica e tudo faz convergir. Amém.

IX
Onde houver dúvida, que eu leve a fé

Há dúvidas e dúvidas. Há dúvidas na compreensão da realidade à nossa volta, devido à sua grande complexidade. A visão contemporânea do mundo sustenta que a realidade está sempre em transformação e em interação com os mais diferentes fatores, construindo o equilíbrio dinâmico necessário para que tudo funcione harmoniosamente. Nesse processo há ambiguidades, bifurcações, probabilidades que podem se realizar ou não. Nesse campo há poucas certezas e muitas dúvidas. Para onde caminha a humanidade? Haverá mais benevolência para com a Terra e assim garantia de um futuro de esperança? Aqui reinam dúvidas e mais dúvidas. Não é impossível que estejamos caminhando na direção de grandes impasses, com eventuais devastações da natureza e com a destruição de incontáveis organismos vivos e de milhões de pessoas.

Há ainda dúvidas mais dilacerantes: podemos esperar que a humanidade aprenda a aceitar-se como uma grande família que se preocupa com todos os seus membros, das mais diferentes tradições, culturas e religiões, e que todos se entreajudem como o fazem irmãos e irmãs amorosos? Por que tanto sofrimento nos deficientes físicos e mentais e em suas famílias? Podemos esperar que as classes superem os antagonismos de interesses e que, ao invés de gerar tensões, conflitos e guerras, gerem estímulo, busca coletiva do melhor e dinamismo social?

Mas há ainda dúvidas que atingem o coração de nossa esperança e o sentido último de nossa vida. Que podemos esperar depois desta vida? Haverá alguém que nos acolha em seus braços, enxugue nossas lágrimas e nos introduza no lar da felicidade? Quem fará justiça aos milhões de exterminados ao longo de tantos séculos, sem nenhuma razão e por pura vingança? Haverá alguém que tenha compaixão de nossas iniquidades e nos perdoe totalmente? Quem poderá banir nossas incertezas e tirar todas as nossas dúvidas? Que mestre espiritual? Que sábio? Que santo?

É a partir da angústia destas dúvidas que ganha sentido a fé. Há dois tipos de fé que devem ser vividos concretamente: a fé-confiança e a fé-crença.

Em primeiro lugar vem a fé-confiança, atitude de total entrega a um Maior, ao Criador do universo, descoberto como o Deus interior, que arde em nosso coração na forma de entusiasmo (em grego *en-theos-mos* = entusiasmo, significa ter um deus dentro), dando-nos energia para viver, lutar, superar obstáculos e esperar. Essa confiança radical nos confere serenidade e paz. Espanta para longe todas as dúvidas. Faz-nos sentir que estamos nas mãos do Pai e da Mãe de bondade. Jesus no alto da cruz viveu esta fé-confiança. Suas últimas palavras não foram "Pai, por que me abandonaste?", mas "Pai, em tuas mãos entrego o meu espírito".

Em segundo lugar vem a fé-crença, a aceitação da revelação histórica de Deus e de seu plano de comunhão. Deus, através de profetas, mestres e pessoas espirituais de todos os credos e culturas, se autocomunicou à humanidade e se revelou como Aquele que quer companheiros no amor. Na história dos judeus e dos cristãos, por exemplo, revelou-se como um Deus que estabeleceu uma aliança de comunhão com toda a humanidade, dando-nos a certeza de que somos realmente seus filhos e filhas. Mais ainda. Apaixonou-se de tal forma pelos seres humanos, que quis ser um deles. Encarnou-se em nossa carne fraca e limitada. E, ao perceber que o rejeitamos, entregou sua vida por amor para nos reconquistar. Seu intento valeu a pena, pois ressuscitou para mostrar que esse seu amor não pode ser frustrado e terminar com a morte na cruz. Todos ressuscitaremos com ele e como ele.

Essa fé-crença liquida todas as dúvidas sobre nosso futuro. Mesmo no leito de morte, se nossa consciência nos acusar, uma voz mais forte se fará ouvir, garantindo-nos: "Deus é maior que nossa consciência. Ele é amor. Ele é perdão. E, cheios de fé, morreremos em paz, caindo em seus braços de Pai maternal e de Mãe paternal."

Senhor, onde houver dúvida, que eu leve a fé. Não deixeis que a dúvida apague as estrelas-guias que iluminam nossa caminhada. Dai-nos a fé-confiança que nos coloca em vossas mãos. Concedei-nos a fé-crença em vosso desígnio que nos quer reunidos em vosso Reino junto com toda a criação. Amém.

X
Onde houver erro, que eu leve a verdade

Um dos traços do ser humano mais carregados de consequências funestas é sua falibilidade. Ele pode errar muito e muitas vezes. E há inúmeras espécies de erros.

Existem erros causados pela *ignorância* sobre o universo, sobre a Terra e sobre a vida. Quase não conhecemos a casa cósmica em que habitamos. Podemos nos encher de encantamento pelo céu estrelado, mas a maioria desconhece como ele se formou a partir de um minúsculo ponto de matéria e de energia concentradíssima que, num certo momento, explodiu. No interior das grandes estrelas vermelhas que se formaram a seguir foram elaborados os cem elementos físico-químicos que entram na composição de todos os seres e também de nossos corpos. Um dia estávamos todos lá juntos e unidos: os campos energéticos, as partículas elementares, o hidrogênio, o hélio, o ferro, o nitrogênio, enfim tudo o que se encontra atualmente em nossa estrutura material.

Existem erros que decorrem da *ilusão* sobre nós mesmos. Não raro nos iludimos com referência à nossa autoimagem, considerando-nos menos quando na verdade somos mais, com muitas potencialidades positivas. Outras vezes erramos sobre os anjos e os demônios que nos habitam, as paixões e os desejos que nos obrigam a ter disciplina e autodomínio, para integrá-los e crescer harmonicamente.

Existem erros referentes aos outros que se traduzem pelo *preconceito*. Ao invés de conhecermos as pessoas pelo contato pessoal e pelo diálogo aberto, nós as enquadramos facilmente em esquemas preconcebidos, deixando de reconhecer seus valores e de acolhê-las amigavelmente. Os sarracenos no tempo de São Francisco eram vistos pelo Papa Urbano II, organizador de cruzadas, de forma distorcida, como "torpes, degenerados e servos do demônio". São Francisco, após encontrar-se com eles e dialogar com o sultão, diz: "eles são nossos irmãos e amigos e devemos amá-los muito". Só a verdade existencial destrói o erro e o preconceito.

Existem erros gerados pela *alienação* sobre o nosso lugar e nossa missão na Terra e no universo. Dentro do processo evolucionário, somos aquele ponto em que o universo chega a si mesmo e capta o fio condutor que tudo une. Não estamos apenas sobre a Terra. Somos a própria Terra que sente, que pensa, que ama e que venera. Nossa missão é podermos captar o Sentido que tudo perpassa e pronunciarmos a palavra de louvor que seja eco da Grande Palavra que vibra em cada ser. São Francisco o mostrou exemplarmente em seu Cântico ao Irmão Sol. A grande maioria das pessoas vive na alienação, pensando que apenas existe para trabalhar, trabalhar para acumular e acumular para desfrutar.

Existem erros que são *pecado* contra Deus. É pecado negar conscientemente sua presença divina dentro do cosmo e da história humana. É pecado não reconhecer voluntariamente Deus na profundidade de cada pessoa. É pecado contra Deus violar, torturar e assassinar seres humanos, sua imagem e semelhança. O pecado nos faz perder Deus. Perdendo Deus perdemos a magia, o encantamento e o sentido último da vida e do universo.

Levar a verdade é mais do que anunciar mensagens verdadeiras. É criar condições de transparência e de justiça para que a verdade emerja por si mesma e mostre sua luz libertadora e criadora.

Levamos a verdade na medida em que nós mesmos nos fazemos verdadeiros e transparentes, nas palavras, nos gestos, nas atitudes e nas intenções. Nada mais inadequado à natureza da verdade do que a arrogância e a pretensão de possuir sempre a melhor razão. A verdade é como a luz: possui sua intensidade certa. Excesso de luz cega. Da mesma forma, excesso de verdade é pior que erro, já dizia outrora Blaise Pascal. É só em sua medida certa que a verdade dissipa as trevas e o erro.

Senhor, onde houver erro, que eu leve a verdade. Fazei-nos corajosos na descoberta de nossos erros, especialmente daqueles que encobrem vossa presença em todas as coisas. Que a verdade brilhe por nossas palavras sinceras, por nossos gestos humanizadores, por nossas intenções puras e por nossa busca permanente de fidelidade à verdade. Nunca permitais que oprimamos os outros em nome da verdade religiosa. Amém.

XI
ONDE HOUVER DESESPERO, QUE EU LEVE A ESPERANÇA

O ser humano concreto é constituído por vários centros energéticos que conferem dinamismo à vida: o desejo, o instinto de sobrevivência, o cuidado, o amor, a capacidade de captar totalidades. Um dos principais é também a esperança, entendida não apenas como uma virtude, mas como um princípio gerador de muitas virtudes. A esperança é a energia básica que dinamiza todas as demais.

Podemos perder a fé e a consequência é uma aterradora ausência de sentido. Mas a vida continua. Podemos perder o amor e desaparece o brilho e a alegria de viver. Mas as pessoas sobrevivem e buscam um novo amor. No entanto, quando perdemos a esperança, desaparecem todas as razões para viver. A loucura, o suicídio e a morte são os fantasmas que rondam os que perderam a esperança. É o inferno do desespero.

As cenas desesperadoras são as mais terrificantes: os olhos saltam das órbitas, os rostos se deformam, as pessoas se atiram dos andares mais altos, jogam-se ao mar encapelado, arremessam o carro ao abismo. Por medo de morrer, o desesperado por vezes se mata. O desespero surge quando a pessoa é colocada numa situação sem saída e se vê encurralada contra a parede.

Atualmente, entre as muitas situações de desespero, duas ressaltam sobremaneira: a miséria social e a consciência da morte próxima e inevitável. Mais de um bilhão de pessoas vivem abaixo da linha da miséria. Os números mal escondem o desespero dos que não sabem o que vão comer, onde dormir e como chegar ao dia de amanhã. A dor maior é ver os filhos sofrerem por fome e não saber a quem recorrer. É parca a solidariedade entre os humanos. As gerações futuras, ao olharem para o nosso tempo, nos condenarão como bárbaros, inumanos e sem piedade, porque fomos demasiadamente insensíveis em face dos padecimentos de nossos próprios irmãos e irmãs.

Quantos entram em desespero quando descobrem que a pessoa muito querida tem AIDS ou que o câncer de um filho já produziu metástase nos principais órgãos vitais. Fecha-se o horizonte do futuro. A morte lança sua sombra letal sobre a vida.

A ideia da morte anunciada é uma das realidades mais difíceis de serem digeridas pelo organismo espiritual humano. O primeiro sentimento é de injustiça: por que eu, por que ele ou ela, se há tantos perversos que mereceriam morrer antes? Depois vem a revolta: por que morrer agora e não ao cumprir o ciclo da vida? Por fim surge a autovitimação: a pessoa sente-se vítima inocente de mecanismos incontroláveis da natureza e do próprio corpo, que de repente se torna estranho e traiçoeiro. Procuram-se, então, todos os possíveis caminhos de cura. Potencia-se a esperança de que haja médicos, curandeiros, paranormais, portadores de saberes secretos que nos possam salvar. Quando nada susta a ação devastadora da morte, a pessoa se rende e se resigna. No entanto, milagres acontecem. Nem sempre a cura tão buscada, mas a reelaboração do sentido da vida através de uma entrega serena a Deus. Por causa da fé, a morte deixa de ser para muitos um fantasma aterrador e transforma-se em serena libertação.

Como levar esperança? Em face das situações de injustiça, é o engajamento concreto contra elas que funda uma esperança histórica. Os processos vitoriosos de mudança – por menor que seja – sempre abrem um novo horizonte de esperança que confere sentido à vida e à luta.

Nos momentos de desamparo pessoal, mais que muitas palavras, o importante é comunicar uma aura de serenidade e confiança aos desesperados. Essa aura só se conquista com a internalização de convicções tão poderosas, que passam a fazer parte de nosso ser: estamos nos braços do Pai e Mãe de infinita bondade. Por isso podemos nos entregar aos seus cuidados. Por ventos favoráveis ou contrários, Deus conduzirá nosso barco ao porto seguro.

O caminho da vida pode ser tormentoso, mas o fim é bom e já está garantido pela certeza da ressurreição e pela promessa da vida eterna. A fênix ressurge das cinzas e das sombras da morte pela esperança na vida transfigurada e feliz para além desta vida.

Senhor, onde houver desespero, que eu leve a esperança. Que eu seja solidário na luta dos que buscam a justiça. Que saiba criar uma atmosfera de confiança ilimitada no vosso misterioso projeto de amor. Que tenha palavras inspiradas para suscitar a esperança inarredável de vivermos para sempre em vossa casa com todos os que nos precederam na história. Amém.

XIII
Onde houver tristeza, que eu leve a alegria

São Paulo sutilmente distingue dois tipos de tristeza: a tristeza segundo o mundo, que produz morte, e a tristeza segundo Deus, que produz vida (2Cor 7,10).

Uma das tristezas segundo o mundo é a que resulta das alegrias forjadas para iludir o ser humano. A propaganda magnifica o sucesso a qualquer custo, exalta o uso e o consumo de certos produtos, a frequência a lugares da moda e a convivência com pessoas famosas. Se alguém fuma certa marca de cigarro, é induzido a sentir-se em paisagens deslumbrantes, cercado de garotas encantadoras, viajando numa Ferrari luzidia. O cigarro pretende funcionar como algo que age automaticamente, independendo da vontade da pessoa, trazendo os benefícios prometidos. Mas a verdade é que qualquer cigarro faz mal, contamina os pulmões, empesteia o ambiente e afasta as garotas maravilhosas. Essa promessa é mentirosa, pois produz frustração e tristeza segundo o mundo, não realizando a alegria prometida.

Outra tristeza segundo o mundo vem da inveja. Invejar alguém é desejar que não possua o bem que possui. Pelo fato de possuí-lo, provoca no invejoso tristeza inconsolável. Fará tudo para que o outro perca o bem. Essa tristeza segundo o mundo produz morte existencial, a negação do sentido de viver.

Mas há a tristeza segundo Deus. Ela surge quando contemplamos o projeto de Deus e vemos sua negação na história. Quando nos damos conta de que está em funcionamento uma máquina de morte contra a Terra e seu equilíbrio físico-químico, contra o esplendor de suas florestas e a complexidade de sua biodiversidade. Inumeráveis espécies de seres vivos estão ameaçadas de extinção. Essa tristeza segundo Deus nasce da consciência do projeto divino sendo negado e da veneração que temos diante da criação boa sendo destruída.

Nós nos enchemos de tristeza lancinante ao ver os milhares e milhares de meninos e meninas de rua, esquálidos, dormindo ao relento, sedentos de um gesto de carinho e ameaçados de extermínio pelos esquadrões da morte. Não é menor a tristeza ao ver doentes em busca inútil de assistência, idosos em longas filas para receber suas minguadas aposentadorias, depois de uma vida inteira de trabalho. É a tristeza segundo Deus, porque vemos obscurecida a imagem e semelhança divina e negada a humanidade mínima devida às crianças inocentes, aos enfermos, aos idosos.

Ficamos tristes segundo Deus quando tomamos consciência em nós mesmos de dimensões não integradas e da desestruturação de nosso centro pessoal devido a uma vida de injustiça, de hipocrisia e de egoísmo. Essa tristeza provém da percepção de nossa traição aos apelos de nossa consciência ética e de nossa oposição à vontade de Deus.

Como levar alegria? Diretamente não é possível levá-la, porque a alegria não pode ser dada. A alegria resulta de muitas ações, feitas com inteireza de intenção, com cuidado e com vontade de acertar para transformar.

Acho que não poderia haver melhor exemplo do que o trabalho de uma equipe de alfabetização do Movimento dos Sem Terra (MST) preparando sua metodologia conscientizadora, inspirada em Paulo Freire. O grupo organiza os jovens, define com eles as palavras-geradoras (direito à terra, à moradia, à saúde) e sistematicamente empreende o ensino durante oito meses. Dá o melhor de si, apesar dos salários insuficientes, das condições precárias, da difamação das redes de comunicação, da acusação de que esse tipo de educação é subversão e preparo para a guerrilha. No entanto, depois dos oito meses, ao perceber o nível de consciência dos jovens, sua habilidade em ler e escrever, seu amor à terra e sua vontade de apoiar os pais na conquista dos seus direitos, a alegria que surge é sem conta. Ninguém a pode arrebatar e nenhuma maledicência a pode desfazer.

Lembro-me de D. Joana, velha moradora da favela do Catumbi, participante ativa dos movimentos comunitários. Entrevistada pelo jornal local, perguntaram-lhe se sua vida tinha sido boa, e ela respondeu espontaneamente: – Foi boa sim. Eu lutei muito, mas tive a grande alegria de poder formar meus filhos e dar-lhes uma profissão. – Parou um instante, pensando, e acrescentou sorrindo: – Engraçado, agora eu chamo de luta. Na época era sofrimento.

Essa alegria segundo Deus não é dada sem mais nem menos. É fruto do empenho abnegado de muitos. Produz vida exuberante porque resulta de uma prática de solidariedade entre todos, prática querida e abençoada por Deus.

Senhor, onde houver tristeza, que eu leve a alegria. Fazei que a minha alegria nasça da compaixão sincera pelos que sofrem, da solidariedade verdadeira com os injustiçados e de minha própria conversão à fraternidade universal. Amém.

XIII
Onde houver trevas, que eu leve a luz

Só sabe da luz quem conheceu as trevas. Então se dá conta de que um palito de fósforo aceso pode espantar sozinho todas as trevas de um ambiente. Há muitos tipos de trevas.

Trevas dos *olhos*, a cegueira física, uma das lesões mais prejudiciais para o ser humano, que lhe rouba o mundo das cores, das paisagens e dos rostos humanos. A ciência que recupera a capacidade de ver e traz luz aos olhos dos cegos realiza a função messiânica de libertar das trevas.

Trevas dos *sentidos*, a incapacidade de sentir com o coração. A ciência moderna prolonga a capacidade dos sentidos no esforço de identificar as constantes da natureza, inclusive do fenômeno humano. Mas atomizou a realidade em mil pedaços e sobre cada um deles construiu um saber específico. Alguém só sabe de plantas, das plantas só as tropicais, e das tropicais só as medicinais, das medicinais só as anticancerígenas, e assim por diante em todos os campos do saber. Os cientistas perderam a percepção da totalidade e ficaram cegos diante da complexidade dos fenômenos.

Das múltiplas dimensões da razão privilegiou-se uma, a instrumental-analítica, razão tecnológica com a qual se conseguiu em parte o domínio do mundo, a construção da máquina de morte que pode exterminar várias vezes a biosfera, e conseguiu também criar a penicilina e chegar à Lua.

Mas esse tipo utilitário de razão cobrou um preço excessivo. Ocasionou uma espécie de cegueira, verdadeira lobotomia no espírito humano, que ficou insensível à mensagem da beleza e da grandeza do universo. Fez-se cego ao mistério do real, colocando sob suspeita a emoção, o afeto e a ternura sob o pretexto de que impedem um conhecimento objetivo da realidade.

O efeito dessa lesão visual-intelectual foi separar ciência de religião, economia de política, política de ética e ética de espiritualidade. Dilacerou-se a unidade da experiência humana. O resultado é uma espantosa falta de cuidado com a natureza, com o ser humano na integralidade de suas dimensões, com os milhares de pessoas que vivem num nível abaixo da sobrevivência e em condições que atentam contra a dignidade humana. O crescente fosso entre ricos e pobres provoca cada vez menos indignação ética.

Há ainda trevas do *espírito*, a cegueira em face da dimensão espiritual da realidade. O ser humano se faz cego espiritual quando não capta o "outro mundo" dentro deste mundo. Perdeu a finura de espírito que identifica o fio sagrado que tudo une e *re-úne*, impedindo que a parte capte o todo dinâmico, harmonioso e cheio de sentido. Esse fio sutil que tudo liga e *re-liga* é o princípio criador, é Deus.

A cegueira espiritual impede de ouvir a voz interior, Deus nos falando à consciência. Embaraça ver o pobre e o injustiçado como um desafio à solidariedade, uma aparição, para os cristãos, do próprio Cristo crucificado gritando por ressurreição. Essas trevas espirituais ocasionam a sensação de estarmos perdidos, de não sabermos quem somos nem a serviço de quem estamos.

O que significa levar luz onde houver trevas? É levar uma atitude-geradora, imbuída de enternecimento e *com-paixão*, capaz de lançar uma luz diferente sobre as chagas abertas. Outras vezes, significa levar o testemunho de vida de quem muito sofreu, cujo sofrimento não foi em vão porque se acrisolou, amadureceu e descobriu um novo caminho para a vida.

Por fim, levar luz onde há trevas pode significar levar uma experiência viva do Sagrado, uma palavra de sabedoria dos mestres espirituais do Oriente e do Ocidente, um texto inspirado das Escrituras cristãs, capaz de transmitir uma experiência de luz recriadora do sentido da vida e de promessa de eternidade bem-aventurada. Não é esse o testemunho de tantos convertidos de ontem e de hoje?

Senhor, onde houver trevas, que eu leve a luz. Vós sois a luz verdadeira que ilumina cada pessoa que vem a este mundo. Fazei que eu possa, por palavras inspiradas, por gestos consoladores e por um coração caloroso, dissipar as trevas humanas para que vossa luz nos mostre o caminho e trazer alegria à vida. Amém.

XIV
Ó Mestre

Mestre é mais que um professor, um doutor e um técnico. É a pessoa que atingiu tal grau de perfeição, que sua técnica virou arte e ele se tornou um mestre: mestre em falar, em escrever, em pintar, em curar, em jogar futebol, em aconselhar e em consolar. O mestre não apenas ensina. Vive o que ensina. Sua vida é testemunho de suas ideias. Por isso, chamam-se de mestres os fundadores e os representantes mais preeminentes das tradições espirituais do cristianismo, do budismo, do hinduísmo e de outras denominações. Estas tradições mantêm-se vivas porque podem produzir outros mestres que galvanizam seguidores, os discípulos.

Inúmeras vezes nos evangelhos Jesus é chamado de Mestre e invocado na tradição cristã como Divino Mestre. Ele se insere não apenas na tradição dos mestres de seu povo, mas também dentro da grande tradição dos mestres da humanidade. Entretanto, sua grandeza não se faz diminuindo os outros, mas valorizando-os, prolongando sua missão e aprofundando seus ensinamentos. O Novo Testamento chama Jesus de "o Mestre" (cf. Mt 23,10) porque viu nele uma excepcional coerência e identificação entre o que ensinava e pessoalmente vivia. Na acepção dos cristãos, Mestre assim só pode ser Deus mesmo!

Na compreensão contemporânea poderíamos dizer que Jesus, semelhante a outros mestres de religiões conhecidas, se transformou no arquétipo do Mestre. Nele há tanta excelência de doutrina, tanta coerência entre o que fala e o que vive, tanta irradiação de luz, que se transformou numa figura exemplar e numa referência universal.

O arquétipo nunca é algo inerte. Vive ligado sempre a experiências profundas de valor e de sentido plenificador. Encontrar-se com Jesus-arquétipo é entabular um diálogo vivo com ele, a partir de nossa profundidade onde ele se manifesta como Mestre. É ouvir sua mensagem que se atualiza quando confrontada com as questões vividas pessoalmente ou que irrompem da realidade circundante. É colocar-se aos pés de Jesus, como o fizeram seus apóstolos e suas amigas, as irmãs Marta e Maria.

No contexto da Oração pela Paz, pedimos ao Mestre interior que tanto pode ser Jesus e Maria quanto Buda, Krishna, Gandhi, Luther King, Dalai-Lama, entre outros e outras, que nos ensine a praticar tudo o que rezamos até aqui: que levemos amor, perdão, união, fé, verdade, esperança, alegria e luz. São tais valores que produzem paz e nos fazem instrumentos da paz divina.

Ao mesmo tempo, suplicamos ao Mestre que nos introduza na novidade de sua mensagem, resumida numa pequena, mas grande palavra, na palavra "mais": "*mais* consolar, que ser consolado; *mais* compreender, que ser compreendido; *mais* amar, que ser amado".

Esse "mais" expressa a torrente inesgotável de generosidade, própria da prática de Jesus e de tantos seguidores seus na história como São Francisco de Assis e Santa Clara, Leon Tolstoi e Dom Hélder Câmara, Irmã Dulce e Madre Teresa de Calcutá entre outros e outras. Por causa desse "mais", Jesus pôde nos amar e se entregar por nós quando ainda éramos seus inimigos (Rm 5,8). Por causa desse "mais", pede-nos que nos esqueçamos abnegadamente de nós mesmos, nos autossuperemos e amemos ilimitadamente até quem nos persegue e calunia (Mt 5, 10-11). Isso somente é possível se, como na Oração de São Francisco, colocarmos em primeiro lugar não o *eu*, mas o *outro*, não a busca de *nossa* satisfação pessoal, mas a satisfação do *outro*, não *nossa* salvação, mas a salvação do *outro* e do mundo.

Quando identificamos esse "mais" numa pessoa, podemos tranquilamente dizer: aqui está um verdadeiro seguidor do Mestre interior. Esse "mais" faz perenemente de Jesus um Mestre, Mestre do novo tempo e divino Mestre.

Ó Mestre, fazei que em nosso interior ressoe vossa sabedoria e o exemplo de vossa coerência até a morte. Que sejamos vossos discípulos fiéis na medida em que realizarmos o que nos ensinais para sermos verdadeiramente instrumentos de amor e de paz. Amém.

XV
Fazei que eu procure mais consolar, que ser consolado

O ser humano nasce inteiro, mas não está pronto. Está ainda a caminho e por isso é um ser de desamparo. Para sobreviver e se desenvolver, precisa trabalhar e criar cultura. Corporalmente necessita de alimento e de água. Psicologicamente é essencial sentir-se aceito na família e na comunidade. Espiritualmente carece identificar um Sentido plenificador que transfigure as angústias e ilumine o mistério da vida e da morte.

Há milhões e milhões que vivem desamparados. Morrem de fome e de mil doenças antes do tempo, sem que ninguém olhe por eles. Outros milhões e milhões sentem-se excluídos da família humana, tidos por zeros sociais, descartáveis, peso morto da história. Países inteiros, considerados desinteressantes para a economia capitalista mundial, inexistem para o mercado e são deixados de fora de qualquer planificação referente à saúde, à habitação, à educação e à segurança.

Quantos jovens andam por aí sem rumo, dependentes de drogas, marginalizados, deixados a sós em seu desespero. Quem cuidará dos idosos, dos enfermos, dos solitários, dos deficientes físicos e mentais e dos portadores do vírus HIV. Quem os consolará e lhes infundirá um pouco de esperança?

Há desconsolos coletivos de povos, vítimas de etnocídio, ocorrido no passado com os astecas e maias ou atualmente com os uaimiris-atroaris na região amazônica. Eloquente testemunho desse desamparo é a elegia de um anônimo quíchua, escrita no século XVI em homenagem ao inca Ataualpa, assassinado pelos homens de Francisco Pizarro, o destruidor do Peru: "Sob um estranho império, somos cumulados de martírios e estamos destruídos, perplexos, extraviados, negada a memória, sós; morta a sombra que protege, choramos, sem ter a quem recorrer e para onde volver; estamos delirando; nossa vida errante dispersada, por perigos sem conta cercada, a mãos alheias entregada." Quem os consolará, dispersos ainda até os dias de hoje?

Há o desconsolo humano, anônimo e cotidiano, diante de perdas irreparáveis, da pessoa amada, da saúde, do *status* social, do posto de trabalho. Quem consolará a todos estes?

Há o desamparo total quando percebemos nossa impotência ao não podermos trazer de volta o ente querido que, por um acidente estúpido e evitável, partiu na flor da idade. E partiu definitivamente. Como soam atuais as palavras da Escritura: "Em Ramá se ouviu uma voz, muito choro e gemido: é Raquel que chora os filhos e não quer ser consolada, porque os perdeu e eles não voltam nunca mais" (cf. Mt 2,18).

Mesmo assim, ansiamos por gestos e palavras de consolo que nos segurem a vida que se esvai como água por entre os dedos. Como são preciosas as pessoas que se aproximam com ternura de mãe e com afeto de pai, nos abraçam fortemente, enxugam nossas lágrimas e sustam nossos soluços.

Não sem razão os profetas em nome de Deus convocavam outros profetas e sacerdotes, pedindo: "Consolai meu povo, consolai" (cf. Is 40,1; 49,13). Uma das funções principais da religião é infundir uma perspectiva de consolo em face dos dramas inexplicáveis da vida. Ela difunde a fé segundo a qual nada escapa a Deus e tudo se insere misteriosamente em seu projeto de amor sobre toda a história e sobre o destino de cada pessoa. Cada um é chamado pelo nome que só Ele conhece e é abraçado com infinita ternura.

Neste contexto escutamos o Mestre, que nos pede a coragem da atitude abraâmica de sair de nosso próprio desconsolo e ir ao encontro de quem precisa mais ser consolado. Convida-nos a passar por cima de nosso desamparo e a prestar atenção à aflição de quem sofre, chora e soluça ao nosso lado. Consolar, mais do que ser consolado, revela a grandeza do ser humano. É como Jesus na cruz, que se esqueceu de suas chagas e escutou as lamúrias do ladrão a quem promete a vida eterna. E no termo da história – nos recorda o Apocalipse – Deus mesmo intervirá "para enxugar as lágrimas de nossos olhos e então a morte já não existirá, nem haverá mais luto nem pranto, nem fadiga, porque tudo isso já passou" (cf. Ap. 21,4). Poderá haver maior consolo do que este?

Ó Mestre, fazei que eu procure mais consolar, que ser consolado. Que eu possa sair da minha própria dor para escutar o grito de quem sofre ao meu lado. Que tenha palavras que consolem e gestos que criem serenidade, entrega confiante e paz profunda. Amém.

XVI
Fazei que eu procure mais compreender, que ser compreendido

Um dos desejos mais profundos do ser humano é poder ser compreendido naquilo que pensa, projeta e faz. E, contudo, quantas vezes não ouvimos especialmente da boca de jovens: "Ninguém me entende, ninguém me quer." Nas comunicações familiares e interpessoais muitas vezes palavras são mal compreendidas, intenções são distorcidas e projetos são ridicularizados. Tudo isso machuca a pessoa por dentro e lhe rouba o ânimo de conviver.

Há três maneiras básicas de reagir à incompreensão:

– Abrir-se ao diálogo, procurando esclarecer seu ponto de vista, apresentando as razões de seus propósitos.

– Fechar-se sobre si mesmo, cortando a comunicação com as pessoas próximas e abismando-se em suas convicções.

– Reforçar a própria liberdade interior, a autonomia pessoal, construindo uma autocompreensão independente do que as pessoas pensam ou deixam de pensar, se estão dispostas ou não ao diálogo.

A primeira estratégia, do diálogo, é fecunda, pois toda troca enriquece. Pode mostrar nossas deficiências, revelar nossa dimensão de sombra sempre difícil de ser admitida e integrada, acrescentar perspectivas escondidas ao nosso próprio olhar. Todo diálogo é iluminador: desfaz equívocos e coloca em realce aquilo que é mais importante. Se nos subtraímos ao intercâmbio, como vamos saber o que os outros pensam da situação e de nós? Como vamos nos conhecer melhor? Nós nos vemos sempre melhor quando nos contemplamos a partir da perspectiva do outro, que possui uma leitura diferente e, quem sabe, melhor de nós.

Na construção de nossa identidade e na preservação da autoestima necessária para um desenvolvimento equilibrado, é decisivo sermos compreendidos e acolhidos em nossas intenções. Poucas coisas nos ferem mais do que a distorção de nossas convicções mais queridas.

A segunda estratégia, a do isolamento, representa uma fuga para escapar do confronto. Assim perde-se a chance de crescer a partir do embate e do esforço de esclarecimento diante dos nossos interlocutores. Essa atitude pode degenerar em arrogância e soberano desprezo dos outros. Quando as interações são cortadas, nenhum organismo vivo sobrevive. Ao contrário, definha e morre. Assim ocorre também com o ser humano que se isola. Ninguém é uma ilha, pois somos todos imbricados em redes de conexões a partir das quais nos alimentamos, nos confrontamos e crescemos.

A terceira estratégia, da autonomia pessoal, representa um passo importante no processo de individuação. A pessoa não cresce apenas para fora, dialogando com os outros, nem apenas para cima, abrindo-se para Deus e para os grandes sonhos humanitários. Cresce sobretudo para dentro, ao ouvir a sabedoria, o grande ancião e grande anciã que moram no coração de cada pessoa e que nos aconselham e nos orientam em nossa aventura humana. A construção da própria liberdade interior inclui seguramente o diálogo com os outros e com a realidade circundante. Mas também pode desenvolver-se quando esse diálogo é dificultado e até cortado. A pessoa precisa ir livrando-se da amargura e das dependências para desenvolver a confiança em si e em suas potencialidades.

Todos temos o direito de ser compreendidos e assim ser acolhidos no convívio humano, pessoal e social, crescendo e fazendo crescer.

Que significa mais compreender, que ser compreendido? É a experiência de autossuperação na direção do outro. O ser humano não visa somente a plenitude de seu ser e de suas virtualidades. Isso poderia significar narcisismo. Ele é chamado a se superar sempre, pois é um projeto infinito e inesgotável, só descansando em Deus.

Só consegue mais compreender que ser compreendido quem ama radicalmente o outro e por causa dele se sobrepõe ao próprio centro para circular ao redor do centro do outro. Ante a incompreensão e até a distorção de suas convicções mais caras, esforça-se por manter o diálogo, buscando compreender, acolher e perdoar o próximo. Essa atitude inclui a todos, abraça o outro por ele mesmo e não apenas por causa de suas qualidades. Procura acolhê-lo e apoiá-lo até quando ele comete equívocos e erros. Compreender assim é grande. A compreensão então é perfeita e completa. É o divino em nós.

Ó Mestre, que eu procure mais compreender, que ser compreendido. Fazei que consiga acolher o outro assim como é. Só assim o compreenderei como quero ser compreendido. Concedei-me ver o menor sinal de verdade, de bondade e de amor no outro para reforçá-lo e permitir que venha à plena luz. Amém.

XVII
Fazei que eu procure mais amar, que ser amado

Sentir-se amado é mais gratificante que amar, pois basta apenas acolher o amor gratuito do outro, sem precisar conquistá-lo nem dar-lhe provas de amor. Sentir-se amado é sentir-se importante e precioso para alguém. Aumenta a autoestima e reforça o sentido de ser.

De repente, sei que estou no coração e na mente da outra pessoa. Sou para ela um valor inestimável. Acompanha-me em cada gesto, procura saber cada detalhe de minha história, valoriza cada palavra minha e intui amorosamente cada intenção, por mais secreta que seja.

Aquele que ama vive num estado alterado de consciência. Perde o interesse por si mesmo e se entrega a forças que o arrastam irrefreavelmente na direção da pessoa amada. Esta aparece a seus olhos como única e diferente de todas as demais no universo. Experimenta um estado de arrebatamento e de potenciação de sentido que, em função da pessoa amada, reorganiza toda a vida.

Todos querem ser amados. Pois todos anseiam ser únicos para alguém. A frase mais triste que ouvi foi de uma jovem assistente social, mulher simples do povo, sem especiais dotes de beleza segundo as pobres convenções de nossa cultura material: "Eu nunca fui amada; nunca fui interessante para alguém; ninguém até hoje olhou para mim." E seus olhos traíam uma tristeza infinita. Uma mágoa profunda com a vida ingrata e cruel pesava em cada uma de suas palavras. O universo parecia haver desabado sobre ela.

Sem amor, a vida perde significado e densidade. Tudo fica irrelevante e sem valor. É fundamental para o brilho da existência sentir-se amado e acolhido com enternecimento por aqueles que nos cercam. Por detrás do ateísmo, do agnosticismo e do indiferentismo talvez esteja essa experiência devastadora: a incapacidade de sentir-se acolhido como num útero, aceito como no seio de uma família e amado incondicionalmente por uma pessoa.

Por que temos esta necessidade inarredável de sermos amados? Porque nós, seres humanos, desde que nascemos mostramos a tendência de unir-nos a algo que nos realize, a algo que nos transcenda. As ciências da Terra dizem que esse algo representa a ação da seta do tempo e do impulso da evolução empurrando-nos sempre para a frente e para cima, de convergência em convergência, na direção de uma culminância suprema. Os especialistas da psique humana aventam a ideia de que esse desejo de união representa a memória ancestral de nossa vida no útero materno. As religiões ensinam que esse algo é a ânsia por Deus como Alfa e Ômega de nossa vida. Seja como for, o ser humano, ao sentir-se amado, faz a experiência de ter resgatado o paraíso terrestre ou ter chegado à terra da promissão.

Que significa procurar mais amar, que ser amado? É o convite para darmos o salto por cima de nós mesmos, para poder propiciar amor ao outro e aos outros. Ao amar o outro, queremos que ele faça a experiência de uma absoluta realização – ser amado – e se sinta existencialmente o centro afetivo do universo. Pois é exatamente essa a experiência que o amor permite fazer.

Amar mais que ser amado é, então, a força de sairmos de nós mesmos e de ficarmos no outro por causa do outro mesmo. Dando-lhe valor, cuidado, ternura, cordialidade e convivialidade. São Francisco conseguiu amar os leprosos e a todas as criaturas como a irmãos e a irmãs muito queridos. Por isso seu universo é cheio de unção, enternecimento e respeito, porque permite a todos sentirem-se amados.

Essa atitude de um amor maior pode resgatar a humanidade ameaçada e salvar a vida do planeta Terra. Quem tem esse tipo de amor superabundante conquistou tudo: o próprio coração, a salvação eterna e Deus mesmo.

Ó Mestre, fazei que eu procure mais amar, que ser amado. Que eu acolha com generosidade e alegria o amor que me é dado, mas que me empenhe sobretudo em fazer com que os que me cercam se sintam amados. Fazei que nos sintamos amados por Vós para experimentarmos a suprema felicidade concedida nesta vida. Amém.

XVIII
Pois é dando que se recebe

A economia dos bens espirituais é diferente da economia dos bens materiais. Quanto mais se dá e aliena bens materiais, dinheiro, terras, casas, roupas e alimentos, menos se tem. Vai-se empobrecendo até terminar na extrema pobreza. Pessoas muito ricas, quando perdulárias e esbanjadoras, acabam na miséria.

A economia dos bens espirituais obedece a uma lógica inversa. Quanto mais damos, mais recebemos; quanto mais entregamos, mais temos. Quanto mais damos amor, mostramos solidariedade, distribuímos benquerença e praticamos o perdão, mais ganhamos como pessoa humana e mais recebemos estima. Os bens espirituais são como o amor: ao se dividirem, multiplicam-se. São como o fogo: ao se espalharem, aumentam.

Compreenderemos este paradoxo se considerarmos a natureza do ser humano. Ele é um ser de comunicação, um nó de relações ilimitadas. Quanto mais sai de si e se comunica com outros, com a natureza, com situações diferentes e com Deus, mais chance tem de enriquecer-se em conhecimentos, em experiências e em valores. Quanto mais vai ao encontro do outro com diálogo, acolhida e doação, mais se sente realizado em seu núcleo essencial de pessoa.

Portanto, é dando que se recebe. E inúmeras vezes se recebe muito mais do que se dá. Não é essa a experiência que tantos fazem ao se dedicarem integralmente aos seus, ao acompanharem solidariamente os pobres e marginalizados, participando do processo de formação de uma comunidade de periferia, de um clube de mães, de uma organização popular? Caminhar com eles, partilhar sua luta pela vida, oferecer nossos préstimos, dar de nosso tempo, entregar um pouco de nossa capacidade de compreender e de amar, tudo isso produz um efeito espiritual espantoso: sentimo-nos humanizados e saímos enriquecidos.

Mesmo quando alguém dá bens materiais dentro da lógica da economia dos bens espirituais, quando dá generosamente assistência médica ou socorre materialmente pessoas muito carentes como expressão de solidariedade, sente que recebe mais do que dá. Experimenta a grata satisfação espiritual de ajudar a quem precisa. Confirma interiormente aquilo que São Paulo disse aos cristãos de Mileto: "maior felicidade é dar que receber" (At 20,35).

Infelizmente este tópico da Oração de São Francisco – é dando que se recebe – muitas vezes é citado para justificar uma política de interesses escusos e de troca de favores: apoiando determinada política de governo, o político recebe em troca um benefício, até mesmo uma quantia significativa de dinheiro. Justificar esta prática indecente com a expressão "é dando que se recebe" significa uma manipulação torpe, contrária ao espírito generoso e desinteressado de São Francisco e do Evangelho.

O preceito evangélico é claro: "de graça recebestes, de graça deveis dar" (Mt 10,8); "dai e vos será dado" (Lc 6,38); quem der, dê sem constrangimento e sem segundas intenções, "porque Deus ama a quem dá com alegria" (2Cor 9,7). Quem dá com magnanimidade e com sentido de abnegação sempre recebe em troca, pois a natureza é sábia e generosa e devolve em superabundância. "Quem semeia pouco, também pouco colhe; quem semeia com largueza, colhe também com largueza" (2Cor 9,6).

Há pois uma circulação entre o dar e o receber. Ela representa a lógica básica que preside ao funcionamento do universo e da própria natureza. Tudo se estrutura numa rede intrincadíssima de relações, onde todos interexistem, dão e recebem reciprocamente o que precisam para viver e se desenvolver dentro de um sutil equilíbrio dinâmico.

O importante é dar, dar e, uma vez mais, dar. Só assim se recebe ininterruptamente e sempre: bondade, amor, graça divina e vida em abundância.

Ó Mestre, fazei-nos entender que dando generosa e gratuitamente receberemos também com superabundância tudo o que precisamos. Que possamos orientar nossa vida pela generosidade que nos devolverá sempre mais compreensão, mais acolhida e mais amor. Amém.

XIX
É PERDOANDO QUE SE É PERDOADO

Uma das dimensões mais surpreendentes e até escandalosas da mensagem de Jesus é o anúncio de que seu Deus é um Deus de amor incondicional e de irrestrita misericórdia. Oferece a todos o seu amor e o seu perdão, mesmo quando não depara com a contrapartida deste amor. Ama até "os ingratos e maus" (Lc 6,35).

Tal boa notícia deixou perplexos os piedosos de seu tempo e deixa confusas as pessoas de hoje que se esforçam por cumprir os mandamentos e fazerem-se agradáveis a Deus. Como é possível que Deus ame também os ímpios, pecadores, exploradores e maus? Este é o paradoxo de sua mensagem revolucionária: Deus vai atrás da ovelha tresmalhada e da moeda perdida, corre ao encontro do filho pródigo e se alegra mais com um pecador arrependido do que com noventa e nove justos que se salvam. Jesus na mesma sequência diz: "Não vim chamar os justos, mas os pecadores" (Mc 2,17). Como não surpreender-se diante de tais palavras?

Curiosamente todas as suas parábolas sobre o perdão e a misericórdia são dirigidas contra a dureza de coração das pessoas piedosas da época. As parábolas do fariseu e do publicano (Lc 18,9-14) e a do filho pródigo (Lc 15, 11-32) querem mostrar que para agradar a Deus devemos ser, além de fiéis e bons, também misericordiosos, e querer perdoar, perdoar "setenta vezes sete" (Mt 18,22), quer dizer, ilimitadamente. Porque devemos procurar "ser misericordiosos como o Pai celestial, que é misericordioso" (Lc 6,36).

Se Deus nos perdoa de forma tão ilimitada, como não perdoarmos também a quem nos ofende? O Evangelho é enfático: "Se perdoardes aos homens suas ofensas, o Pai celeste também vos perdoará. Mas, se não perdoardes aos homens, o Pai também não vos perdoará as ofensas" (Mt 6,14-15). Trata-se aqui de uma espécie de negociação com Deus? Não. Trata-se de entender que "com a medida com que medirmos seremos também medidos" (Mt 7, 2). Segundo a parábola, o servo endividado foi totalmente perdoado dos milhares de denários que devia, mas não perdoou seu companheiro que lhe devia umas poucas moedas. O senhor o chamou e lhe disse: "Servo miserável, perdoei-te toda aquela grande dívida porque me pediste; não devias também tu compadecer-te do teu companheiro, como tive compaixão de ti?" (Mt 18,34). A lição é cristalina: "Como o Senhor nos perdoou, assim perdoemos também nós" (Cl 3,13).

Essa atitude não é fácil para quem tem o sentido da justiça meramente humana. Quantos não repetem: "Prefiro morrer do que perdoar." Devemos viver a experiência de sermos radicalmente perdoados em nossas ofensas para nos sentirmos impelidos a perdoar sem reticências e com o coração liberto.

No momento supremo da história, contarão as obras de misericórdia. Elas permitirão ao Juiz supremo e misericordioso proclamar: "Vinde, abençoados de meu Pai, tomai posse do reino preparado para vós desde a criação do mundo" (Mt 25,34).

Que significa existencialmente perdoar? É procurar ultrapassar-se a si mesmo, deixando para trás a amargura e vontade de vingança e ganhando um patamar mais alto a partir do qual poderemos ver de maneira diferente o ofensor. Ele não é só ofensor. Ele é uma abertura infinita, um filho de Deus e um irmão na nossa comum humanidade. Por isso, não pode ser reduzido somente a um ofensor e pecador. Perdoar significa impedir que ele fique refém das consequências dos atos ofensivos que perpetrou.

Perdoar implica a capacidade de suportar e de manter o laço da comunhão mesmo quando o outro lado se fecha e a outra margem desaparece. É permitir que o amor flua de novo. Apostar nesta positividade significa criar, mediante o perdão, as condições para uma relação de convivência fraterna.

Ó Mestre, muitas vezes e de muitos modos nos perdoastes ilimitadamente, como uma Mãe amorosa perdoa um filho. Fazei que perdoemos também nós a quem nos tem ofendido. E que nunca deixemos de crer na generosidade do coração, capaz de perdoar mesmo quando injustamente ferido por muitas ofensas. Amém.

XX
E É MORRENDO QUE SE VIVE PARA A VIDA ETERNA

Há muitas maneiras de se entender a morte. A mais comum, e também a mais pobre, entende a morte como um mero fenômeno biológico, de separação de corpo e alma, encerrando a trajetória terrestre da aventura humana. Atualmente mais e mais se compreende a vida como auto-organização da matéria, matéria que nunca é inerte, mas um complexo sofisticadíssimo de interações. A vida, desde a ameba mais originária até nós, é una e sagrada em suas múltiplas manifestações. Ela conhece muitas travessias e patamares cada vez mais altos e cooperativos de realização. A morte pertence à vida, representa o processo de transformação e de passagem de um patamar de vida a outro.

Compreendemos que a morte pertence à vida se a inserirmos dentro da estrutura básica da própria vida. Qual é essa estrutura? É o enraizamento e a abertura. Cada um de nós se descobre enraizado dentro de um arranjo existencial com uma pesada carga biopsicossocial. Este é o mundo concreto, com possibilidades limitadas pela família, pela profissão, pelo nível cultural e pelo estado de consciência próprio de cada um. Eis o enraizamento.

Simultaneamente, o ser humano está aberto ao mundo circundante: interage com ele, troca informações, faz sínteses pessoais que plasmam sua história. Eis a abertura.

A vida é um jogo difícil entre enraizamento e abertura. Se a pessoa se fecha sobre seu enraizamento, prejudicando a abertura, se sente sufocada e não cresce. Se se abre, esquecendo das raízes, se aliena e perde identidade.

Para articular adequadamente enraizamento e abertura, o ser humano precisa incorporar a morte. A morte anula certos arranjos, possibilitando outros e criando transformações que abrem novas chances para a vida. Por exemplo: amo muito minha família (enraizamento). Mas chega o momento em que devo me desapegar dela (abertura). Devo morrer para a minha família. Caso contrário, não faço meu caminho pelo mundo e não crio a minha própria família. Depois de morrer para a família, ressuscito para uma nova relação com ela. Outro exemplo: a intimidade sexual é importante na relação de um casal: enraizamento. Mas ela pode significar apego obsessivo que prejudica um dos lados. Precisa-se morrer para esta forma desequilibrada a fim de ressuscitar para uma relação amorosa – abertura – que enriqueça a intimidade sem ser mais refém dela. A morte nestes exemplos é uma libertação, a travessia necessária para um patamar mais alto e mais complexo de vida. Como se depreende, a morte não vem de fora. Está incrustada no próprio tecido da vida.

O ser humano não está apenas aberto para algumas coisas. Ele é uma abertura absoluta. Sua estrutura de desejo suscita uma sede insaciável do Ser essencial a quem quer se unir pelo afeto, pela compreensão e pelo amor. Não descansa enquanto não o entrevê revelado e velado atrás da totalidade e dentro de cada ser. E qualquer encontro com ele provoca alegria e ao mesmo tempo faz aumentar a sede de experimentá-lo e de ser um com ele. O universo em sua incomensurável dimensão, o tempo em sua duração já bilionária e a vida em sua complexidade inimaginável não podem substituir o Ser essencial. São manifestações particulares e limitadas dele. Sempre são parte e parcela do Todo inatingível enquanto Todo.

Qual a função da morte? Permitir a suprema realização do desejo. Com a morte produz-se uma ruptura com a limitação espácio-temporal (enraizamento). Cria-se a possibilidade de um salto (abertura) para dentro do Ser essencial. Ressuscita-se para uma nova forma de vida e de presença no universo a partir de nossa inserção no Ser essencial.

A morte é uma inteligente invenção da vida para possibilitar a realização de seu propósito básico: o de unir-se ao Ser essencial e de conviver eternamente com ele.

Morrer assim é ganho. Permanecer no tipo de vida que temos é nunca poder crescer plenamente, nunca poder transmutar-se, nunca poder ressuscitar e jamais poder mergulhar na Fonte originária de todo ser. Com razão diz São Francisco: é morrendo que se vive para a vida eterna. É morrendo que se ressuscita, se vive mais e melhor. Ele intuiu essa verdade tão bem, que, moribundo, chama a morte de irmã e a convida para lhe abrir as portas da Suprema Vida. Por isso pôde morrer cantando.

Ó Mestre, ensinai-nos a viver de tal forma que acolhamos a morte como amiga e irmã. Ela não nos tira a vida, mas nos conduz à Fonte de toda vida. Que possamos perceber na vida terrena o começo da vida celestial e eterna. Amém.

BIBLIOGRAFIA DA APRESENTAÇÃO

DESBONNETS-VORREUX. *Saint François d'Assise dans ses écrits*. Blois, 1960, 24.

ESSER, K. *Studien zu den Opuscula des hl. Franziskus von Assisi*. Historisches Institut der Kapuziner. Roma, 1973. 276ss, nota 53.

IRIARTE, L. *Vocação franciscana*. Vozes: Petrópolis, 1977, 177-178, nota 31.

KÖNIG, F. *Die Friedensgebete von Assisi*. Herder: Freiburg, 1987.

ROTZETTER, A. Von Demut, *Frieden und anderen Torheiten*. Verlag Paulus: Freiburg (Suíça), 1990, 63-70.

SCHULZ, Fr. Das sogenannte Franziskusgebet. Forschungen zur evangelischen Gebetsliteratur (III). In: *Jahrbuch für Liturgik und Hymnologie* 13 (1968), 39-53.

VON DER BEY, H. *Der Herr gebe Dir den Frieden. Eine franziskanische Friedenstheologie*. Dietrich-Coelde Verlag: Werl, 1990.

WILLIBRORD de Paris. *Le message spirituel de Saint François d'Assise dans ses écrits*. Blois, 1960, 175ss.

Bibliografia essencial

Para os escritos de São Francisco e as biografias do tempo, veja a edição completa da Vozes, Petrópolis, 1981: *São Francisco de Assis*. Relacionamos alguns outros títulos para aqueles que quiserem aprofundar as reflexões feitas neste livro.

BHAGAVAD Gita. *A mensagem do Mestre*. Pensamento: São Paulo, 1978.

BALDUCCI, E. *Francesco d'Assisi*. Edizioni Cultura della Pace: Firenze, 1989.

BOFF, L. *Francisco de Assis: ternura e vigor*. Vozes: Petrópolis, 1981/1999.

BOFF & PORTO, N. *Francisco de Assis: saudade do paraíso*. Vozes: Petrópolis, 1985/1999.

BLOFELD, J. *A deusa da compaixão e do amor. O culto místico de Kuan Yin*. IBRASA: São Paulo, 1995.

DOYLE, E. *Francisco de Assis e o cântico da fraternidade universal*. Paulinas, 1985.

ESSER, K. *Temi Spirituali*. Edizioni Biblioteca Francescana: Milão, 1973.

HERRIGEL, E. *O caminho zen*. Pensamento: São Paulo, 1993.

——— *A arte cavalheiresca do arqueiro zen*. Pensamento: São Paulo, 1978.

HOLL, A. *Der letzte Christ, Franz von Assisi*. Deutsche Verlags-Anstalt: Stuttgart, 1979.

IRIARTE, L. *Vocação Franciscana*. Vozes: Petrópolis, 1997.

LECLERC, *François d'Assise, le retour de l'evangile*. Desclée de Brouwer, 1981.

——— E. *O cântico das criaturas ou os símbolos da união*. Vozes: Petrópolis, 1977.

LORZT, J. *O santo incomparável*. Vozes: Petrópolis, 1982.

MANSELLI, R. *São Francisco*. Vozes: Petrópolis, 1997.

MAZZUCO, V. *Francisco de Assis e o modelo de amor cortês-cavalheiresco*. Vozes: Petrópolis, 1994.

MERTON, T. *A via de Chuang Tzu*. Vozes: Petrópolis, 1989.

NERBURN, K. *Make me an instrument of your peace. Living in the spirit of the prayer of Saint Francis*. Harper: São Francisco, 1998.

NEVES, M.C. das. *São Francisco de Assis, profeta da paz e da ecologia*. Vozes: Petrópolis, 1992.

ROTZETTER, A. *Von Demut, Frieden und anderen Torheiten*. Paulus Verlag: Freiburg (Suíça), 1990.

ROTZETTER, A. et al. *Franz von Assisi, ein Anfang und was davon bleibt*. Benzinger: Zurique, 1988.

RUMI, Jalaluddin. *Masvani*. Edições Dervish: São Paulo, 1992.

SILVEIRA, I. *São Francisco de Assis e a "Nossa irmã e mãe Terra"*. Vozes: Petrópolis, 1994.

STICCO, M. *São Francisco de Assis*. Vozes: Petrópolis, 1984.

SURIAN, C. *Dinâmica do desejo: Freud, Cristo, Francisco de Assis*. Vozes: Petrópolis, 1982.

THICH Nhat Hanhn. *Paz a cada passo*. Rocco: Rio de Janeiro, 1993.

——— *Para viver em paz*. Petrópolis, 1985.

VON DER BEY, H. *Der Herr gebe Dir den Frieden. Eine franziskanische Friedenstheologie*. Dietrich-Coelde Verlag: Werl, 1990.

Que o Senhor nos abençoe e nos guarde.

Que o Senhor mostre a sua face e se compadeça de nós.

Que o Senhor volva seu rosto para nós.

E nos dê a paz!

LIVROS DE LEONARDO BOFF

1 – *O Evangelho do Cristo Cósmico*. Petrópolis: Vozes, 1971 [Esgotado – Reeditado pela Record (Rio de Janeiro), 2008].

2 – *Jesus Cristo libertador*. 21. ed. Petrópolis: Vozes, 2011.

3 – *Die Kirche als Sakrament im Horizont der Welterfahrung*. Paderborn: Verlag Bonifacius-Druckerei, 1972 [Esgotado].

4 – *A nossa ressurreição na morte*. 11. ed. Petrópolis: Vozes, 2011.

5 – *Vida para além da morte*. 25. ed. Petrópolis: Vozes, 2009.

6 – *O destino do homem e do mundo*. 12. ed. Petrópolis: Vozes, 2011.

7 – *Experimentar Deus*. Petrópolis: Vozes, 2010 [Publicado em 1974 pela Vozes com o título *Atualidade da experiência de Deus* e em 2002 pela Verus com o título atual].

8 – *Os sacramentos da vida e a vida dos sacramentos*. 28. ed. Petrópolis: Vozes, 2011.

9 – *A vida religiosa e a Igreja no processo de libertação*. 2. ed. Petrópolis: Vozes/CNBB, 1975 [Esgotado].

10 – *Graça e experiência humana*. 7. ed. Petrópolis: Vozes, 2011.

11 – *Teologia do cativeiro e da libertação*. Lisboa: Multinova, 1976 [Reeditado pela Vozes, 1998 (6. ed.)].

12 – *Natal*: a humanidade e a jovialidade de nosso Deus. 8. ed. Petrópolis: Vozes, 2009.

13 – *Eclesiogênese* – As comunidades reinventam a Igreja. 3. ed. Petrópolis: Vozes, 1977 [Reeditado pela Record (Rio de Janeiro), 2008].

14 – *Paixão de Cristo, paixão do mundo*. 7. ed. Petrópolis: Vozes, 2011.

15 – *A fé na periferia do mundo*. 5. ed. Petrópolis: Vozes, 1991 [Esgotado].

16 – *Via-sacra da justiça*. 4. ed. Petrópolis: Vozes, 1978 [Esgotado].

17 – *O rosto materno de Deus*. 11. ed. Petrópolis: Vozes, 2011.

18 – *O Pai-nosso* – A oração da libertação integral. 12. ed. Petrópolis: Vozes, 2009.

19 – *Da libertação* – O teológico das libertações sócio-históricas. 4. ed. Petrópolis: Vozes, 1976 [Esgotado].

20 – *O caminhar da Igreja com os oprimidos*. Rio de Janeiro: Codecri, 1980 [Esgotado – Reeditado pela Vozes (Petrópolis), 1998 (2. ed.)].

21 – *A Ave-Maria* – O feminino e o Espírito Santo. 9. ed. Petrópolis: Vozes, 2009.

22 – *Libertar para a comunhão e participação*. Rio de Janeiro: CRB, 1980 [Esgotado].

23 – *Igreja*: carisma e poder. Petrópolis: Vozes, 1981 [Reedição ampliada pela Ática (Rio de Janeiro), 1994 e pela Record (Rio de Janeiro), 2005].

24 – *Crise, oportunidade de crescimento*. Petrópolis: Vozes, 2010 [Publicado em 1981 pela Vozes com o título *Vida segundo o Espírito* e em 2002 pela Verus com o título atual].

25 – *Francisco de Assis*: ternura e vigor. 12. ed. Petrópolis: Vozes, 2009.

26 – *Via-sacra para quem quer viver*. Petrópolis: Vozes, 2011 [Publicado em 1982 pela Vozes com o título *Via-sacra da ressurreição* e em 2003 pela Verus com o título atual].

27 – *Mestre Eckhart*: a mística do ser e do não ter. Petrópolis: Vozes, 1983 [Reedição sob o título de *O livro da Divina Consolação*. Petrópolis: Vozes, 2006 (6. ed.)].

28 – *Ética e ecoespiritualidade*. Petrópolis: Vozes, 2010 [Publicado em 1984 pela Vozes com o título *Do lugar do pobre* e em 2003 pela Verus com o título atual e com o título *Novas formas da Igreja*: o futuro de um povo a caminho].

29 – *Teologia à escuta do povo*. Petrópolis: Vozes, 1984 [Esgotado].

30 – *A cruz nossa de cada dia*. Petrópolis: Vozes, 2011 [Publicado em 1984 pela Vozes com o título *Como pregar a cruz*

hoje numa sociedade de crucificados e em 2004 pela Verus com o título atual].

31 – *Teologia da Libertação no debate atual*. Petrópolis: Vozes, 1985 [Esgotado].

32 – *Francisco de Assis* – homem do paraíso. 4. ed. Petrópolis: Vozes, 1999.

33 – *A Trindade, a sociedade e a libertação*. 5. ed. Petrópolis: Vozes, 1999.

34 – *E a Igreja se fez povo*. Petrópolis: Vozes, 1986 [Reedição pela Verus (Campinas), 2004, sob o título de *Ética e ecoespiritualidade* (2. ed.), e *Novas formas da Igreja*: o futuro de um povo a caminho (2. ed.)].

35 – *Como fazer Teologia da Libertação?* 10. ed. Petrópolis: Vozes, 2010.

36 – *Die befreiende Botschaft*. Friburgo: Herder, 1987.

37 – *A Santíssima Trindade é a melhor comunidade*. 11. ed. Petrópolis: Vozes, 2009.

38 – *Nova evangelização*: a perspectiva dos pobres. 4. ed. Petrópolis: Vozes, 1991 [Esgotado].

39 – *La misión del teólogo en la Iglesia*. Estella: Verbo Divino, 1991.

40 – *Seleção de textos espirituais*. Petrópolis: Vozes, 1991 [Esgotado].

41 – *Seleção de textos militantes*. Petrópolis: Vozes, 1991 [Esgotado].

42 – *Con la libertad del Evangelio*. Madri: Nueva Utopia, 1991.

43 – *América Latina*: da conquista à nova evangelização. São Paulo: Ática, 1992.

44 – *Ecologia, mundialização e espiritualidade*. 2. ed. São Paulo: Ática, 1993 [Reedição pela Record (Rio de Janeiro), 2008].

45 – *Mística e espiritualidade* (com Frei Betto). 4. ed. Rio de Janeiro: Rocco, 1994 [Reedição revista e ampliada pela Garamond (Rio de Janeiro), 2005 (6. ed.) e reedição pela Vozes (Petrópolis), 2010].

46 – *Nova era*: a emergência da consciência planetária. 2. ed. São Paulo: Ática, 1994 [Reedição pela Sextante (Rio de Janeiro), 2003, sob o título de *Civilização planetária*: desafios à sociedade e ao cristianismo].

47 – *Je m'explique*. Paris: Desclée de Brouwer, 1994.

48 – *Ecologia* – Grito da terra, grito dos pobres. 3. ed. São Paulo: Ática, 1995 [Reedição pela Sextante (Rio de Janeiro), 2004].

49 – *Princípio Terra* – A volta à Terra como pátria comum. São Paulo: Ática, 1995 [Esgotado].

50 – (org.) *Igreja*: entre norte e sul. São Paulo: Ática, 1995 [Esgotado].

51 – *A Teologia da Libertação*: balanços e perspectivas (com José Ramos Regidor e Clodovis Boff). São Paulo: Ática, 1996 [Esgotado].

52 – *Brasa sob cinzas*. 5. ed. Rio de Janeiro: Record, 1996.

53 – *A águia e a galinha*: uma metáfora da condição humana. 48. ed. Petrópolis: Vozes, 2010.

54 – *Espírito na saúde* (com Jean-Yves Leloup, Pierre Weil, Roberto Crema). 7. ed. Petrópolis: Vozes, 2008.

55 – *Os terapeutas do deserto* – De Fílon de Alexandria e Francisco de Assis a Graf Dürckheim (com Jean-Yves Leloup). 13. ed. Petrópolis: Vozes, 2010.

56 – *O despertar da águia*: o dia-bólico e o sim-bólico na construção da realidade. 22. ed. Petrópolis: Vozes, 2010.

57 – *Das Prinzip Mitgefühl* – Texte für eine bessere Zukunft. Friburgo: Herder, 1998.

58 – *Saber cuidar* – Ética do humano, compaixão pela terra. 17. ed. Petrópolis: Vozes, 2011.

59 – *Ética da vida*. 3. ed. Brasília: Letraviva, 1999 [Reedição pela Sextante (Rio de Janeiro), 2005, e pela Record (Rio de Janeiro), 2009].

60 – *A oração de São Francisco*: uma mensagem de paz para o mundo atual. 9. ed. Rio de Janeiro: Sextante, 1999 [Reedição pela Vozes (Petrópolis), 2009].

61 – *Depois de 500 anos*: que Brasil queremos? 3. ed. Petrópolis: Vozes, 2003 [Esgotado].

62 – *Voz do arco-íris*. 2. ed. Brasília: Letraviva, 2000 [Reedição pela Sextante (Rio de Janeiro), 2004].

63 – *Tempo de transcendência* – O ser humano como um projeto infinito. 4. ed. Rio de Janeiro: Sextante, 2000 [Reedição pela Vozes (Petrópolis), 2009].

64 – *Ethos mundial* – Consenso mínimo entre os humanos. 2. ed. Brasília: Letraviva, 2000 [Reedição pela Sextante (Rio de Janeiro), 2003 (2. ed.)].

65 – *Espiritualidade* – Um caminho de transformação. 3. ed. Rio de Janeiro: Sextante, 2001.

66 – *Princípio de compaixão e cuidado* (em colaboração com Werner Müller). 4. ed. Petrópolis: Vozes, 2009.

67 – *Globalização*: desafios socioeconômicos, éticos e educativos. 3. ed. Petrópolis: Vozes, 2002 [Esgotado].

68 – *O casamento entre o céu e a terra* – Contos dos povos indígenas do Brasil. Rio de Janeiro: Salamandra, 2001.

69 – *Fundamentalismo*: a globalização e o futuro da humanidade. Rio de Janeiro: Sextante, 2002 [Esgotado].

70 – (com Rose Marie Muraro) *Feminino e masculino*: uma nova consciência para o encontro das diferenças. 5. ed. Rio de Janeiro: Sextante, 2002 [Reedição pela Record (Rio de Janeiro), 2010].

71 – *Do iceberg à arca de Noé*: o nascimento de uma ética planetária. 2. ed. Rio de Janeiro: Garamond, 2002 [Reedição pela Mar de Ideias (Rio de Janeiro), 2010].

72 – (com Marco Antônio Miranda) *Terra América*: imagens. Rio de Janeiro: Sextante, 2003 [Esgotado].

73 – *Ética e moral*: a busca dos fundamentos. 6. ed. Petrópolis: Vozes, 2010.

74 – *O Senhor é meu Pastor*: consolo divino para o desamparo humano. 3. ed. Rio de Janeiro: Sextante, 2004 [Reedição pela Vozes (Petrópolis), 2010 (2. ed.)].

75 – *Responder florindo*. Rio de Janeiro: Garamond, 2004 [Reedição pela Mar de Ideias (Rio de Janeiro), 2012].

76 – *São José*: a personificação do Pai. 2. ed. Campinas: Verus, 2005 [Reedição pela Vozes (Petrópolis), 2011].

77 – *Virtudes para um outro mundo possível* – Vol. I: Hospitalidade: direito e dever de todos. Petrópolis: Vozes, 2005.

78 – *Virtudes para um outro mundo possível* – Vol. II: Convivência, respeito e tolerância. Petrópolis: Vozes, 2006.

79 – *Virtudes para um outro mundo possível* – Vol. III: Comer e beber juntos e viver em paz. Petrópolis: Vozes, 2006.

80 – *A força da ternura* – Pensamentos para um mundo igualitário, solidário, pleno e amoroso. 3. ed. Rio de Janeiro: Sextante, 2006.

81 – *Ovo da esperança*: o sentido da Festa da Páscoa. Rio de Janeiro: Mar de Ideias, 2007.

82 – (com Lúcia Ribeiro) *Masculino, feminino*: experiências vividas. Rio de Janeiro: Record, 2007.

83 – *Sol da esperança* – Natal: histórias, poesias e símbolos. Rio de Janeiro: Mar de Ideias, 2007.

84 – *Homem*: satã ou anjo bom. Rio de Janeiro: Record, 2008.

85 – (com José Roberto Scolforo) *Mundo eucalipto*. Rio de Janeiro: Mar de Ideias, 2008.

86 – *Opção Terra*. Rio de Janeiro: Record, 2009.

87 – *Fundamentalismo, terrorismo, religião e paz*. Petrópolis: Vozes, 2009.

88 – *Meditação da luz*. 2. ed. Petrópolis: Vozes, 2010.

89 – *Cuidar da Terra, proteger a vida*. Rio de Janeiro: Record, 2010.

90 – *Cristianismo*: o mínimo do mínimo. Petrópolis: Vozes, 2011.

91 – *El planeta Tierra*: crisis, falsas soluciones, alternativas. Madri: Nueva Utopia, 2011.

92 – (com Marie Hathaway). *O Tao da Libertação* – Explorando a ecologia da transformação. Petrópolis: Vozes, 2011.

93 – *Sustentabilidade*: O que é – O que não é. Petrópolis: Vozes, 2012.